불확실한 미래의 성공투자해법

국제금융투자

허 준 영

박영사

머리말

　4차 산업혁명은 시간과 공간의 경계를 허물고, 금융시장의 국제화도 가속화하였다. 투자의사결정은 장기적이고, 전략적인 의사결정이다. 우리는 국내시장만 바라볼 것이 아니라 국제금융시장을 이해하고, 해석할 수 있는 힘을 키워야 투자에 성공할 수 있다. 누구나 아는 투자의 기본원칙은 있다. 분산투자, 장기투자 등이 그것이다. 이 책은 이러한 기본원칙들에 대한 기초적인 이론들을 정리한 것이다. 이러한 이론들은 실제 국제금융투자에서 접하는 질문들에 대한 답을 찾는 데 필요한 필수적인 틀을 제공할 것이다.

　투자의사결정은 미래의 불확실성에 대한 의사결정이다. 다가올 미래를 정확히 예측하는 사람은 세상에 없다. 경제주체들은 미래에 대한 각기 다른 기대와 판단을 하기 때문에 투자의사결정은 어려운 것이다. 그러나 여기에도 몇 가지 원칙은 있다.

자신이 좋아하는 취미활동에 필요한 어떤 물건을 구입한다고 하자. 이 경우 우리는 주위 사람들에게 조언을 구하기도 하고, 인터넷을 통하여 여러 정보를 검색한 후 최종 구매의사결정을 하는 것이 일반적이다. 그러나 놀랍게도 금융자산에 투자할 때 단순히 주위의 소문만 듣고 투자하는 경우를 흔히 본다. 몇만원의 물건을 구입할 때에는 가능한 모든 정보를 취합하는 반면에 거액의 자본을 투자하면서 소문에만 기초하여 투자한다는 것은 정말 아이러니한 일이 아닐 수 없다. 그런 잘못된 의사결정으로 평생 모은 재산을 날릴 수 있는데도 말이다.

한국의 금융시장은 이미 선진화되었다. 어떤 금융상품이라도 조금만 노력을 기울이면 투자의사결정하기에 필요한 정보들이 접근 가능한 곳에 존재한다. 그런 정보가 존재하지 않는 금융상품이라면 쳐다보지도 않는 것이 맞다. 투자의사결정을 위해서 가능한 모든 정보를 취합하여야 하고, 그 정보를 이해하고 분석하여야 한다.

우리는 2020년도에 원유의 배럴당 가격이 마이너스까지 떨어지는 것을 목격하였다. 자산의 가격이 휴지조각이 된다는 말은 들어 봐도 마이너스가 될 수 있다는 말은 생소한 것이었다. 원유의 거래는 파생금융상품이 선물의 형태로 거래된다. 금융시장에서 거래되는 선물은 만기시점 이전에 반대거래를 통하여 청산하기 때문에 실제 선물계약을 만기에 실행하여 실물을 거래하는 경우는 드물다. 그러나 원유가격이 지속적으로 하락하여 만기가 임박하였는데도 반대매매가 되지 않을 경우 손해를 보더라도 선물을 만기 이전에 청산할 수밖에 없다. 만기에 실물 원유를 인수하면 원유 보관창고를 확보하는 데 청산 손실 이상의 돈이 들기 때문이다.

코로나19로 인하여 비대면기업이 호황을 누렸으니 코로나19 이후의 시대에는 대면기업이 좋아질 것이라고 한다. 과연 그러할지는 따져볼 문제다. 비대면기업은 4차산업혁명을 이끌어낸 글로벌 기업들이다. 앞으로의 세상에서 4차산업은 지속될 것인지 그렇지 않은지에 대한 고민을 해보면 이에 대한 답을 금방 구할 수 있다.

앞으로 10년 뒤 혹은 그보다 더 이후의 세상을 상상해 보자. 세상이 어떻게 변할지 예측할 수 있으면 투자의 방향도 보일 것이다. 우리는 이 전염병이 언제 완전히 사라질지 앞으로 또 다른 전염병이 언제 어떤 형태로 출현할지 아무도 정확히 예측할 수 없다. 그러나 분명한 것은 전염병이 없는 세상은 영원히 오지 않는다는 것이고, 인간은 이런 세상에서 보다 나은 방식으로 생존하기 위하여 끊임없이 그 답을 구할 것이다. 코로나19는 우리가 살아가는 방식을 바꿔 놓았고, 기업이 생존하고 성장하는 방식도 바꿔 놓았다. 앞으로의 세상은 이렇게 바뀐 방향으로 발전해 나갈 것이다. 그 방향을 제대로 읽고 10년 뒤에도 여전히 존재하고, 성장을 이어 나갈 기업을 발굴하여 지속적인 관심을 갖는다면 여러분의 투자는 반드시 성공할 것이다.

2021년 5월 13일(음력 4월 2일)
허 준 영

목차

국제포트폴리오

금융시장의 개방으로 우리는 국제금융시장도 자유롭게 접근이 가능하게 되었다. 국제금융시장에서의 투자는 국내시장과는 다른 시각으로 접근하여야 한다. 투자 의사결정의 기본 원리는 동일하지만 국제포트폴리오의 기대수익률과 위험에 대한 의사결정을 다른 시각에서 접근하여야 한다는 의미이다. 포트폴리오의 위험과 기대수익률을 구성하는 기본 원리를 바탕으로 국제포트폴리오 투자 전략에 대해서 살펴보자.

1. 불확실성 하의 의사결정과 위험

　　우리의 일상은 의사결정의 연속이다. 의사결정은 미래에 발생할 상황의 가능성에 따라 확실성 하의 의사결정과 불확실성 하의 의사결정으로 구분할 수 있다. 확실성 하의 의사결정은 미래에 발생할 상황에서의 현금흐름을 현재시점에서 정확히 예측할 수 있는 상태에서의 의사결정을 말한다. 확실성 하의 의사결정은 정보를 충분히 수집하고, 올바른 판단으로 결정한다면 위험에 노출되지 않을 것이다. 불확실성 하의 의사결정은 미래에 발생할 상황에서의 현금흐름의 크기를 예측할 수 있으나 그 예측은 확률분포를 나타낸다.

　　금융시장에서 행해지는 의사결정은 대부분 불확실성 하의 의사결정이다. 미래 현금흐름이 확률분포를 나타내는 상황에서 객관적인 정보를 구하기 어렵기 때문이 주관적 판단에 따라 확률분포를 결정하는 경우가 많으므로 의사결정에 위험이 항상 수반되는 것이다.

그러면 금융시장의 의사결정에서 위험이란 무엇을 의미하는가? 의사결정 이후에 실제로 실현된 현금흐름이 기대수준과 다를 가능성 또는 미래현금흐름의 변동가능성으로 정의된다. 위험의 측정은 실현된 수익이 기대한 수익과 얼마나 다르게 실현될 수 있는가에 대한 편차의 크기를 나타내 주어야 한다. 따라서 미래의 수익에 대한 확률분포가 주어지는 경우에는 확률분포의 분산이나 표준편차를 이용하여 위험을 측정한다.

2. 포트폴리오의 위험 분산효과

'계란을 한 바구니에 담지 말라'는 격언은 자금을 여러 자산에 나누어 투자하는 분산투자의 중요성을 말해주고 있다. 분산투자를 통해 포트폴리오를 구성하는 것이 왜 위험을 감소시키는 것인지 이론적으로 알아보자.

포트폴리오에 포함되는 자산의 수를 늘릴수록 위험은 점점 줄어든다. 이 때 포트폴리오에 포함되는 주식수를 늘릴 때 포트폴리오의 위험수준의 결정에 가장 큰 영향을 미치는 변수에 대해서 알아보자. 포트폴리오의 위험을 측정하는 분산은 다음과 같이 정리된다.

$$\overline{\sigma_p^2} = \frac{1}{n} \times \left(\overline{\sigma i^2} - \overline{\sigma_{ij}} \right) + \overline{\sigma_{ij}}$$

상기 식에서 $\overline{\sigma i^2}$는 포트폴리오를 구성하는 개별자산의 분산을 나타낸다. $\overline{\sigma_{ij}}$는 포트폴리오를 구성하는 자산 간의 공분산의 평균을 의미한다. 이 식에서 포트폴리오를 구성하는 주식의 수(n)가 무한히 커지면 $\frac{1}{n} \times (\overline{\sigma_i^2} \times \overline{\sigma_{ij}})$ 은 0으로 수렴하게 되므로, 포트폴리오의 분산은 공분산의 평균에 접근한다. 따라서 포트폴리오의 위험에 영향을 미치는 가장 중요한 요인은 포트폴리오에 포함되는 주식 간의 공분산이다.

  설명을 간단하게 하기 위하여 두 자산으로 구성된 포트폴리오가 있다고 하자. 그 포트폴리오의 위험은 두 자산의 공분산(σ_{12})으로 측정할 수 있다.

  공분산이 (+)이면 두 자산의 수익률이 기대값을 중심으로 같은 방향으로 움직이고, (−)이면 반대방향으로 움직임을 의미한다. 공분산의 부호는 두 자산의 수익률 간의 변화 방향을 나타내주지만 상관관계의 정도를 나타내주지는 못한다. 상관관계의 정도를 나타내주는 척도로는 상관계수가 있다.

$$\rho_{12} = \frac{\sigma_{12}}{\sigma_1 * \sigma_2}$$

  상관계수는 (−)1에서 (+)1의 값을 갖는다. 두 자산의 수익률이 같은 서로 완전 정방향으로 움직이는 경우 상관계수는 (+)1이며, 서로 완전 역방향으로 움직이면 (−)1의 값을 갖는다. 위의 식을 공분산으로 정리하면 다음과 같이 표현할 수도 있다.

$$\sigma_{12} = \rho_{12} * \sigma_1 * \sigma_2$$

이 식에서 알 수 있는 바와 같이 포트폴리오의 위험은 자산 간의 상관계수 크기에 직접적으로 영향을 받는다. 구체적으로 살펴보면 다음과 같다.

① 포트폴리오의 기대수익률은 개별 주식 간의 상관계수와는 무관하게 일정하다.

② 상관계수가 (＋)1일 때는 포트폴리오의 위험이 두 주식의 위험을 투자비율에 따라 가중 평균한 값이다. 즉, 포트폴리오의 기대수익률이 증가하는 만큼 위험도 선형으로 증가하므로 위험 감소효과가 없다.

③ 상관계수가 (－)1일 때 위험 감소효과가 최대이다. 다시 말해 포트폴리오의 표준편차가 최소이다.

④ 상관계수가 작을수록 위험 감소효과가 크다.

⑤ 일반적으로 개별 주식 간의 상관계수는 0과 1사이의 값을 나타내므로 포트폴리오를 구성하는 자산을 늘림으로써 감소시킬 수 있다.

두 개의 자산에 투자한다고 가정할 경우 아래 그림에서 좌측의 그래프는 상관관계가 (＋)에 가까운 경우를 나타내고, 우측의 그래프는 상관관계가 (－)에 가까운 경우를 나타낸다.

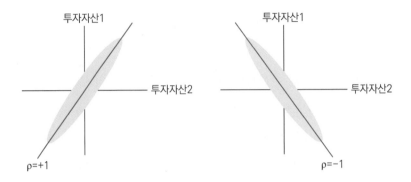

　　국내자산만으로 포트폴리오를 구성하는 경우 상관관계가
낮은 자산을 많이 담는 것이 위험을 줄이는 방법이라는 것을 유
념해야 한다. 예를 들어 10개의 주식으로 포트폴리오를 구성한
다고 할 때, 동종업종에서 모든 종목을 고르기보다는 서로 다른
업종에서 업종 대표주 등을 중심으로 기업을 선정하여 포트폴
리오를 구성하면 위험을 줄일 수 있다.

　　포트폴리오 구성의 범위를 국내시장에 한정하지 않고, 외국
시장까지 눈을 돌리면 국내 자산만으로 구성된 포트폴리오와
상관관계가 낮은 해외 자산을 발굴할 수 있는 가능성이 높아진
다. 포트폴리오의 구성 범위를 국제적으로 확대하여 상관관계가
낮으면서 일정한 수익률을 창출할 수 있는 자산을 구성하는 것
이 국제포트폴리오의 중요한 목표이다.

3.   체계적 위험과 비체계적 위험

    포트폴리오의 수익률의 분산을 위험으로 정의하였다. 이러한 위험은 체계적 위험과 비체계적 위험으로 구분된다.

    체계적 위험(systematic risk)은 모든 자산에 공통적으로 영향을 미치는 요인에 의한 위험이다. 국내포토폴리오에서 체계적 위험에는 정치적 혼란, 전쟁, 인플레이션, 코로나19 등으로 인한 위험이 여기에 해당되며 시장위험(market risk)이라고도 한다. 체계적 위험은 포트폴리오의 분산 범위를 늘리더라도 제거할 수 없는 위험이다.

    비체계적 위험(unsystematic risk)은 특정기업에 국한된 요인에 의한 위험이다. 기업의 경영성과 소송사건, 신제품개발 등으로 인한 위험을 말하며 기업 특유의 위험이 여기에 해당된다. 비체계적 위험은 포트폴리오의 분산 범위를 늘림으로써 제거할 수 있는 위험이다. 포트폴리오의 위험을 수식으로 정리하면 다음과 같다.

$$\mathrm{Var(Rp)} = \beta_p^2 \times \mathrm{Var(Rm)} + \mathrm{Var(e)}$$

$\beta_p^2 \times Var(Rm)$는 포트폴리오의 위험 중에서 시장수익률 변동에 기인하여 발생하는 위험에 해당하는 부분으로 체계적 위험이다. β_p^2은 시장수익률변동과 시장변동에 대한 포트폴리오의 민감도를 나타낸다. 체계적 위험에서 β가 가장 큰 영향을 미치므로 β를 체계적 위험이라고도 한다. $Var(e)$는 포트폴리오를 구성하는 개별자산의 잔차분산으로 비체계적 위험을 나타낸다.

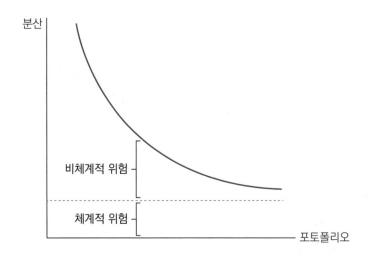

4. 국제포트폴리오의 의의

🎯 해외직접투자와 국제포트폴리오투자

해외직접투자는 국내에 소재하는 기업이 해외에 소재하는 기업의 경영을 지배하거나 통제권을 행사함으로써 직접 생산과 판매활동을 수행하기 위해 투자하는 것을 말한다. 이에 반해 국제포트폴리오투자는 거주자가 경영 지배나 통제의 목적이 아닌 단순한 배당금이나 이자수익을 포함한 자본이득을 얻기 위한 목적으로 해외에 소재하는 자산에 투자하는 것을 말한다.

해외직접투자는 위험분산 효과도 존재한다고 볼 수 있으나 생산과 판매의 효율을 위한 것이 주된 목적이므로 이 장에서는 구체적인 설명은 하지 않고, 국제인수합병에서 다루기로 한다.

🎯 위험감소 효과

국내분산투자로 인하여 비체계적 위험은 제거할 수 있으나 체계적 위험은 제거할 수 없다고 하였다. 그러나 포트폴리오의 구성을 국제적으로 확대하게 되면 국내시장의 체계적 위험도 일부 축소시킬 수 있다. 국제포트폴리오의 경우 상기의 위험 그래프 자체가 아래로 이동하는 것이다. 이는 각국의 시장이 서로 다르게 움직이고 있기 때문에 투자자산 상호 간에 상관계수가 낮다는 것이고, 이로 인하여 공분산으로 측정되는 위험이 줄어든다는 의미로 해석될 수 있다.

개별 국가 내에서 보면 시장 전반에 공통적으로 영향을 미치는 요인일지라도 다른 국가의 시장 전반에 공통적으로 영향을 미치는 요인과 반드시 동일하게 움직이지는 않는다. 예를 들어 우리나라의 정치적 상황이 다른 나라에 있는 투자자산의 수익률에 영향을 미치지 않는다는 것으로 설명할 수 있다.

체계적 위험을 감소시킬 수 있다는 것이 국제포트폴리오의 가장 중요한 장점이다. 정치적 상황이나 전쟁 같은 국내 금융시장에 불안한 요소가 존재하는 경우 외국으로 눈을 돌림으로써 포트폴리오의 위험을 현저히 감소시킬 수 있다. 즉, 이러한 것들은 국내포트폴리오에서는 체계적 위험에 해당되나, 국제포트폴리오에서는 비체계적 위험에 해당된다.

🎯 국가별 상관관계

상관관계가 낮은 자산으로 포트폴리오를 구성할 경우 위험이 낮아진다는 것을 확인하였다. 주요 국가들의 증권시장에서 상호 간에 주식가격의 상관관계를 검토하면 다음과 같다.[1]

	호주	프랑스	독일	일본	네덜란드	스위스	영국	미국
호주	0.586							
프랑스	0.286	0.576						
독일	0.183	0.312	0.653					
일본	0.152	0.238	0.300	0.416				
네덜란드	0.241	0.344	0.509	0.282	0.624			
스위스	0.358	0.368	0.475	0.271	0.517	0.664		
영국	0.315	0.378	0.299	0.209	0.393	0.431	0.698	
미국	0.304	0.225	0.170	0.137	0.271	0.272	0.279	0.439

표의 대각선은 국내자산에만 투자할 때의 상관관계를 나타낸다. 그 이외의 값은 두 국가 간의 주식 시장 사이의 상관관계를 나타내는데, 그 값들이 대각선에 있는 상관계수의 값보다 모두 낮은 것으로 확인할 수 있다. 즉, 외국의 자산을 포트폴리오에 편입할 경우 위험이 낮아진다는 것을 실증적으로 증명한 자료이다.

---

1 Eun and Resnick(2001). P 256.

🎯 국제포트폴리오의 단점

국제포트폴리오를 통한 위험분산효과가 있다는 것은 분명한 장점이지만 그 이면에는 주의해야 할 사항들도 있다.

첫째, 각 나라별로 다른 투자의 제도적 요인 때문에 수반되는 비용을 고려하여야 한다. 이러한 제도적 요인은 법적 규제의 차이, 조세제도의 차이, 거래비용 등이 포함된다. 상장주식인 경우에는 공개적인 시장에서 정형화된 상품이 거래되기 때문에 제도적인 요인을 특별히 고려할 필요는 없다. 그러나 사모펀드 등의 형식으로 비정형화된 상품에 투자하는 경우에는 제도적 요인으로 인한 투자자금 회수에 제한이 없는지에 대한 사전 연구가 필요하다.

둘째, 환위험을 고려하여야 한다. 해외에 소재하는 자산을 포트폴리오에 편입할 때 매입시점의 환율과 매도시점의 환율의 차이로 인하여 거액의 외화손실이 발생할 위험이 항상 존재한다. 금융기관에서 판매하는 대부분의 해외금융상품 경우에는 외환선물(환)계약의 체결을 통하여 이러한 환위험을 헷지한다. 그러나 비정형화된 금융상품의 경우 환위험이 헷지되지 않는 경우도 많으므로 항상 주의가 필요하다.

🎯 국제자본자산결정이론

국제자본자산결정이론은 자본자산결정이론(Capital Asset Pricing Model; CAPM)의 연장선 상에서 이해할 수 있다. 불확실성 하에서 투자자들은 기대수익률과 위험을 고려해 자신들의 기대효용을 극대화하는 포트폴리오를 구성한다. CAPM은 자산시장 참여자들이 모두 이러한 선택원리에 따라 행동하는 경우 시장의 균형상태에서 자산가격이 어떻게 나타나는가를 설명하는 이론이다. CAPM에 따르면 균형상태에서 기대수익률(E)은 무위험이자율(r_f)과 시장위험(Em)에 대한 위험 프리미엄을 더한 값으로 나타난다.

$$E = r_f + \beta(Em - r_f)$$

여기서 β는 앞에서 설명한 바와 같이 체계적 위험을 나타내는 지표로서 시장 움직임에 대한 자산의 민감도를 보여주는 것으로 개별자산의 수익률과 시장 포트폴리오 수익률과의 공분산을 시장 포트폴리오 수익률의 분산으로 나눈 값이다.

$$\beta = \frac{Cov(r_i, r_m)}{Var(r_m)}$$

이러한 CAPM의 원리를 국제분산투자에 응용한 것이 국제 CAPM이다. 즉, 투자자들이 국내금융시장뿐만 아니라 국제금융시장을 투자 대상으로 확대하여 효율적인 분산투자를 한다고 할 때, 기대수익률과 위험 간의 관계를 보여주는 것으로 다음과 같이 나타낼 수 있다.

$$E = r_f + \beta(Em - r_f) + \Sigma \alpha r_n$$

$\Sigma \alpha r_n$은 국제포트폴리오를 구성하는 국가의 통화변화율에 따른 통화위험 프리미엄에 민감도를 곱한 값이다.

5. 국제포트폴리오 투자 전략

　국제포트폴리오 투자는 어려운 영역이다. 국내 금융상품에 투자하는 경우에는 투자자산이 보유하는 체계적 위험에 대해서는 이미 알고 있으므로 특별히 연구할 필요가 없다. 그러나 해외 투자자산을 포트폴리오에 편입할 경우 그 자산의 체계적 위험에 대해서도 충분한 정보수집과 연구가 선행되어야 한다.

　지금까지 위험분산 측면에서 국제포트폴리오의 의의에 대해서 알아 보았다. 그러나 투자라는 것은 본질적으로 위험을 분산하기 위한 목적이 아니라 투자수익을 극대화하기 위한 것이다. 위험이 없는 곳에는 수익도 없다. 위험분산에만 너무 집중하다 보면 투자수익의 기회를 놓치는 우를 범할 수 있다. 동일 수준의 기대수익률을 추구하면서 위험을 줄이고자 하는 것이 국제포트폴리오의 궁극적인 목표가 되어야 한다.

다음의 간단한 예를 통해 살펴보자. 3개의 자산에 분산투자하고, 각 자산의 수익은 1, 2, 3으로 동일한 확률로 발생한다고 가정한다.

	상황1	상황2	상황3			상황1	상황2	상황3
자산1	1	2	3		자산1	1	2	3
자산2	1	2	3		자산2	2	3	1
자산3	1	2	3		자산3	3	1	2
실현	1	2	3		실현	3	3	3

좌측 표의 경우에는 자산 간의 상관관계가 (+)인 경우로 세 가지 상황에서 서로 동일한 수익의 값을 보여준다. 우측 표의 경우에는 자산 간의 상관관계가 높지 않아서 서로 완전히 다른 수익을 보여준다. 각 상황에서 하나의 자산만 처분한다고 가정하자. 이 경우 좌측의 경우에 총 수익이 6인 반면에 우측의 경우에는 총 수익이 9가 된다.

현실에서 이러한 상황이 자주 발생한다. 다양한 자산을 보유하고 있는 경우 모든 자산을 한꺼번에 처분하는 것이 아니라 일부 자산만 처분해야 하는 경우가 생긴다. 다양한 자산으로 포트폴리오를 구성한다면 자본시장의 상황 변화에 능동적으로 대처할 수 있는 것이다.

분산투자의 대상을 국제금융시장으로 확대할 경우 국내포

트폴리오로 구성된 자산과의 상관계수가 낮은 자산을 편입시킬 수 있다. 기대수익률을 희생하지 않고 위험을 줄일 수 있는 방법을 이론적으로 살펴보았다. 그러나 실제로 투자하면서 해외에 소재하는 자산을 편입시킨다는 것은 쉬운 의사결정은 아니다. 예를 들어 해외 주식을 편입할 경우 다음의 두 가지 측면에서 접근할 수 있다.

① 국가별 접근: 특정 국가를 지정하여 투자자산에 편입하는 전략이다. 예를 들어 신흥 개발도상국이 최근에 급격하게 성장하고 있고, 앞으로도 몇 년간 성장세를 이어갈 것으로 판단되면 그 국가의 대표주식으로 구성된 펀드를 포트폴리오에 편입시킬 수 있다. 그러나 이 방법의 단점은 해당 국가의 비체계적 위험이 여전히 존재한다는 것이다. 즉, 그 국가의 정치적인 불안 등이 발생할 경우 해당 펀드의 수익률에 부정적인 영향을 주게 된다.

② 산업별 접근: 특정 산업을 선정하고 그 산업을 선도하는 글로벌기업을 포트폴리오에 편입시키는 전략이다. 예를 들어 4차산업이 앞으로 세계경제를 주도할 것이라고 믿는다면 이 산업을 대표하는 글로벌기업을 선별하여 투자하는 것이다. 이 방법은 국가별 접근에 비하여 비체계적 위험을 줄이는 방법으로 국제포트폴리오의 이론적 접근법에 보다 부합하는 방법이다.

6.   분산투자와 수익률의 관계

　　지금까지 분산투자를 통하여 위험을 감소시키는 논리에 대해서 검토하였다. 포트폴리오의 위험은 공분산에 가장 큰 영향을 받고, 공분산의 크기는 자산의 수를 늘림에 따라 감소하므로 분산투자의 범위를 확대할수록 위험이 줄어든다고 얘기할 수 있다. 특히 국제포트폴리오로 분산투자함에 따라 비체계적 위험을 상당부분 감소시킬 수 있다는 것을 알아 보았다.

　　포트폴리오의 구성자산의 확대가 수익률에 미치는 영향에 대해서 살펴보자. 포트폴리오의 수익률은 개별자산의 기대수익률과 그 수익률이 발생할 확률에 따라 결정이 되는데, 산술적으로 다음과 같이 표시한다.

$$Ep = \sum Ei \times Pi$$

　　위의 식에서 확인할 수 있는 바와 같이 포트폴리오에 포함되는 자산의 수는 포트폴리오의 기대수익률에 영향을 미치지 않는다. 위험측면에서 본다면 포트폴리오에 편입되는 자산의 수를 늘려 갈수록 위험은 줄어든다. 그러나 수익률의 측면에서 포트폴리오에 편입되는 자산을 늘린다고 해서 수익률이 비례적으로 증가한다고 볼 수 없다는 점에 유의해야 한다. 포트폴리오의 수익률은 분산투자의 범위와는 무관하게 편입되는 개별자산의 성과에 따라서 결정된다.

파생금융상품 I

금융시장에서의 의사결정은 불확실한 미래에 대한 판단이다. 미래에 대한 판단과 의사결정은 개인마다 다르다. 어떤 자산에 대해서 가치가 오를 것이라고 생각하는 사람이 있는 반면에 내릴 것이라고 예측하는 사람도 있다. 오를 것이라고 생각하면 자산을 매입하고 내릴 것이라고 생각하면 해당 자산을 사지 않으면 된다. 그러나 후자의 경우에도 파생금융상품을 이용하면 시장에 참여할 수 있다. 파생금융상품은 미래에 대한 기대가 다른 다양한 투자자들의 요구를 충족시키기 위해서 만들어진 상품이다. 실물상품을 기초로 하여 디자인된 파생금융상품을 이용함으로써 투자상품을 무한대로 창출할 수 있게 되었다. 국제금융시장은 파생금융상품의 등장으로 급속도로 발전하였다. 파생금융상품에 대한 기본 지식 없이 국제금융시장을 이해하기는 어렵다. 이 장에서는 파생금융상품에 대한 기본 개념에 대해서 살펴보도록 한다.

1. 파생금융상품의 정의

파생금융상품(derivatives financial instruments)은 금융상품의 가치가 주식, 채권, 통화 등 기초자산의 가치 변동에 따라 결정되는 금융계약이다. 파생금융상품은 그 자체로서는 실물 자산이 없다. 기초자산의 미래 가격 변동에 대해서 서로의 포지션을 계약의 형태로 상호 간에 정하는 것이다. 기초자산은 주식 등 금융자산뿐만 아니라 금리, 원유, 농산물, 철광석 등 실물자산까지 광범위하게 적용된다. 파생금융상품이 현물거래와 다른 점은 다음과 같이 요약될 수 있다.

① 실물자산을 보유하지 않고, 계약의 형태로 실제 거래에 참여할 수 있다. 실물시장에서는 실물자산을 보유해야만 일정 시점에 매도 거래를 할 수 있으나 파생금융상품시장에서는 실물을 보유하지 않아도 매도계약을 통하여 거래에 참여할 수 있다. 예를 들어 파생금융상품을 이용하여 일정시점에 매도계약을 한 사람은 만기일 이전에 반대매매를 통한 매수 계약을 함으로써 계약을 청산하면 되는 것이다.

② 파생금융상품은 실물자산 거래에 비해서 적은 금액으로도 거래에 참여할 수 있다. 실물거래는 해당 자산 전체를 매입하기 위한 자금이 필요하다. 그러나 파생금융상품 거래는 일종의 계약이므로 계약에서 정한 계약 금액만 있으면 참여할 수 있다. 계약금액은 기초자산의 공정가액의 일부분으로 정해지기 때문에 적은 자금으로 기초자산을 사고 파는 거래가 가능하다.

③ 파생금융상품시장은 실물시장보다 위험성이 높다. 실물시장은 자산의 가치가 지속적으로 상승한다면 모든 사람이 이익을 볼 수 있는 시장이다. 그러나 파생금융상품시장은 양 당사자 간의 계약이므로 어느 일방이 이익을 보면 반드시 상대방은 손해를 보는 제로섬게임(zero sum game)이다. 주식시장에서 내가 산 주식이 내릴 경우 팔지 않고 가격이 오를 때까지 기다릴 수 있다. 그러나 파생금융상품시장은 거래에 참여하는 시점에 계약의 만기가 정해져 있고, 만기 또는 그 이전에 반대 포지션을 반드시 취해야 한다. 만기까지 본인이 생각한 방향과 반대로 가격이 움직인다면 손실을 회피할 수 있는 방법이 없는 것이다. 파생금융상품시장에 참여할 때에는 손실의 위험이 항상 이면에 있다는 것을 잊지 말아야 한다.

2. 파생금융상품의 기능과 시장참여자

　실물자산으로만 구성된 금융시장은 다양한 투자자의 욕구를 충족시키기에는 부족함이 많기 때문에 모든 사람을 거래에 참여시키는 것은 불가능하다. 그러나 파생금융상품은 동일한 실물자산에 대해서 반대의 포지션이나 반대로 예측을 하는 사람도 그에 맞는 계약을 만들면 되므로 모든 사람을 거래에 참여시키는 것이 가능하다. 파생금융상품의 도입으로 금융시장은 금융상품의 범위가 무한대로 확장되었다.

　금융시장에서 파생금융상품의 가장 중요한 기능은 위험회피 기능이다. 기초자산을 현재 보유하고 있고, 미래에 기초자산의 가격이 하락할 것을 우려하는 상황이라고 가정하자. 이 기초자산의 미래 가격 변동에 대해서 반대로 예측하는 사람이 시장에 존재한다면 미래의 일정시점에 가격이 하락할 경우 일정한 가격에 매각할 수 있는 계약을 체결함으로써 기초자산의 하락에 대한 위험을 회피할 수 있다. 미래 시점이 도래하여 가격이 상승하였다면 예측한 대로 자산 보유를 통해서 이익을 실현할 것이다. 만약에 가격이 내린다면 일정한 가격에 매각할 수 있으므로 손실의 폭을 줄일 수 있다. 무엇보다 중요한 것은 현재 시점에 파생금융상품 계약을 체결함으로써 미래 시점에 가격이 하락할 부분에 대해서 우려할 필요가 없다는 것이다. 우리가 보험을 가입하는 이유가 보험료를 현재 지불함으로써 미래에 어떤 사건의 발생으로 인한 손실에 대한 우려를 할 필요가 없어지는 것과 동일한 이치이다.

파생금융상품의 시장에서 헷지거래의 반대편에 있는 사람은 투기거래로 시장에 참여한다고 볼 수 있다. 투기거래는 기초자산의 가격 변동에 대한 예측으로 이익을 얻고자 하는 목적으로 시장에 참여하는 것이다. 투기거래를 목적으로 시장에 참여하는 사람이 있기 때문에 헷지거래가 이루어지는 것이다. 투기거래로 시장에 참여한 경우 기초자산의 미래 가격이 예측한 대로 움직인다면 이익을 달성하겠지만 반대로 움직이는 경우 손실이 불가피하므로 투기거래는 위험을 항상 감수해야 하는 거래이다.

헷지거래는 기초자산의 미래 가격 변동에 있어서 한 방향의 가격 변동에 대한 리스크를 제거하기 위함이 목적이고, 투기거래는 한 방향에 베팅하면서 다른 한 방향에 대한 위험은 고스란히 부담하는 거래이다. 파생금융상품시장에 참여할 때에는 거래의 목적이 헷지거래인지, 투기거래인지를 분명히 하여야 한다.

3. 선물환

　외환을 사고 파는 거래는 결제시점에 따라 현물환 거래와 선물환 거래로 구분된다. 계약일로부터 2거래일 이내에 결제가 이루어지면 현물환 거래이고, 3거래일 이후에 결제가 이루어지면 선물환(forward) 거래이다. 선물환 거래는 미래의 일정한 시점에 외환을 매수 또는 매도할 조건으로 현재 시점에 계약하는 것을 의미한다. 예를 들어 살펴보자.

　㈜중앙은 반도체를 한국에서 제조하여 미국에 수출하는 업체이다. ㈜중앙은 3월 2일에 ㈜변방에 반도체를 수출하고, 3개월 이후에 수출대금 $1,000,000를 받기로 하였다. 현재의 환율은 ₩1,100/1$이다. 이 경우 ㈜중앙은 두 가지 형태의 위험에 직면한다. 첫째는 신용위험으로 ㈜변방이 수출대금을 일부 또는 전부의 지급을 연체하거나 지급하지 않는 것이다. 둘째는 환위험으로 수출대금을 3개월이 지난 시점에 정상적으로 전액 회수하였으나 환율의 변화로 인하여 외환차손이 발생할 위험이다. 전자의 신용위험을 회피하기 위해서는 수출거래 이전에 ㈜변방

의 신용도를 파악하여 수출거래 여부를 결정해야 하므로 수출거래가 이미 이루어진 이후에는 ㈜중앙이 신용위험을 줄이기 위하여 취할 수 있는 조치는 거의 없다. 혹여 있다 하더라도 상환청구권 없이 수출대금을 금융기관에 매각하는 정도일 것이다. 그러나 환위험은 파생금융상품거래를 통하여 완전히 회피할 수 있다. 금융기관과 3개월 이후에 $1,000,000를 일정한 환율(₩1,050)로 매각하는 계약을 3월 2일 시점에 체결하는 것이다. 이 계약을 체결함으로써 ㈜중앙은 3개월 이후 환율이 ₩1,050 이하로 하락하는 상황이 발생하더라도 수출대금 전액을 ₩1,050에 매각할 수 있으므로 환율하락에 대한 위험을 완전히 회피할 수 있다. 물론 환율이 우려와는 달리 ₩1,050 이상으로 상승할 경우 기회손실이 발생한다고 볼 수도 있다. 그러나 앞에서 설명한 바와 같이 파생금융상품 시장에 참여할 때에는 거래의 목적을 분명히 해야 한다. 이 거래의 목적은 위험 회피이므로 그 목적을 충분히 달성했다고 볼 수 있다. 파생상품거래를 통하여 환위험을 완전히 헷지하고, 미래 환율 변동에는 관심을 갖지 않으며 대신 다른 일에 몰두해서 다른 수익을 올리면 되는 것이다.

4. 스왑

스왑(swap)이란 미래 일정기간 동안 기초자산을 정해진 가격에 따라 상호 교환하는 계약이다. 기초자산이 광물이나 농산물 같은 실물자산인 경우 상품스왑이라 하고, 통화나 금리 같은 금융자산인 경우에는 금융스왑이라고 한다. 통화스왑과 금리스왑에 대해서 살펴보도록 하자.

한국회사인 ㈜중앙은 $1,000,000가 필요하고, 미국회사 ㈜변방은 ₩1,000,000,000의 자금이 필요한 상황이다. ㈜중앙은 한국 은행에서 신용도를 인정받으므로 한국 은행에서 상대적으로 낮은 금리로 차입이 가능하고, 반대로 ㈜변방은 미국 은행에서 상대적으로 낮은 금리에 차입이 가능하다. 이 경우 ㈜중앙은 한국계 은행에서 ₩1,000,000,000을 차입하였고, ㈜변방은 미국계 은행에서 $1,000,000를 차입한 후 원금과 이자율을 상호 교환하면 ㈜중앙은 $1,000,000를 차입하고, ㈜변방은 ₩1,000,000,000을 차입한 결과가 된다. 각 회사가 신용도를 좋게 평가 받는 자국의 은행으로부터 차입을 하였으므로 유리

한 금리 조건으로 차입이 가능한 것이다. 만기시점에 다시
$1,000,000와 ₩1,000,000,000을 상호 교환하여 상환한다. 교환
하는 양 시점의 환율은 ₩1,000/$1으로 동일하다고 가정한다.

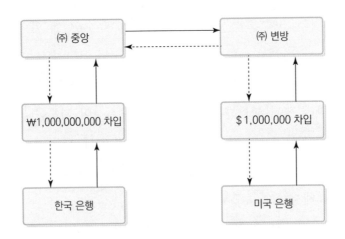

통화스왑 거래는 이종통화로 표시된 자금을 현재 시점에
서로 교환했다가 만기일에 동일한 금액을 약속한 환율로 되돌
려주는 거래이므로 환율변동에 따른 위험이 없다.

중앙은행은 자국 통화의 가치 안정을 위해 외환시장에 개
입해야 하는 경우가 있다. 이 때 자국의 외환 보유액이 충분하
지 않을 경우 상대방 국가의 중앙은행과 통화스왑 계약을 체결
하여 차입할 수 있는 한도를 미리 설정하여 외환시장을 안정시
킨다. 중앙은행의 통화스왑 계약 체결은 외환시장의 수요와 공
급의 일시적인 불균형에 대응할 수 있는 여력이 있다는 것을 보

여주는 신호이므로 그 자체로도 외환시장의 수요와 공급의 불균형을 조장해서 이익을 얻고자 하는 투기 세력의 작업을 사전에 방지하는 효과가 있다.

금리스왑이란 동종 통화간 상이한 금리조건의 이자 지급을 상호 교환하는 계약이다. 통화스왑과의 차이점은 원금은 교환되지 않고, 이자 지급 조건만 상호 교환된다. 일반적으로 고정금리와 변동금리 조건을 상호 교환할 때 많이 사용된다.

㈜중앙은 $1,000,000를 고정금리 조건으로 작년에 차입을 하였다. 차입 당시에는 금리가 상승할 것으로 예상하였다. 그러나 올해 초에 금융시장에 예상치 못한 사건이 발생하여 향후 몇 년간 금리가 점진적으로 하락할 것으로 예상이 된다. ㈜중앙은 거래 은행을 통하여 동일한 원금과 만기의 차입금을 보유한 ㈜변방이 변동금리로 차입을 하였으나 고정금리로 스왑을 원한다는 정보를 입수하고, 즉시 금리스왑 계약을 체결하였다.

이 경우 ㈜중앙과 ㈜변방의 미래의 이자율에 대한 기대가 서로 상이하다. 미래 시점에 이자율이 오른다면 스왑거래를 통하여 ㈜변방에 이익이 발생할 것이고, 이자율이 내린다면 ㈜중앙에 이득이 될 것이다.

5. 선물

선물(future)은 미래 일정 시점에 정해진 가격으로 매수 또는 매도하기로 한 계약이다. 기본적인 구조는 선물환과 동일하다. 선물환 거래는 거래를 원하는 특정된 양 당사자 간에 계약인 반면에 선물 거래는 공개된 시장에서 불특정 다수를 대상으로 거래되는 정형화된 상품이라는 점에서 차이가 있다.

	선물환	선물
시장 형태	비조직적인 장외시장	조직화된 거래소
시장 경쟁	불완전 경쟁시장	완전 경쟁시장
거래 방법	당사자 간의 협상	공개 호가방식
거래 조건	거래대상, 거래단위, 만기 등을 당사자 간에 합의를 통해 결정	거래대상, 거래단위, 만기 등이 표준화
실물 인도	만기에 기초자산의 실제 거래가 이루어지는 경우가 많음	만기일 이전에 반대매매를 통해 청산되는 경우가 대부분
가격 변동	무제한	1일의 가격변동폭 제한
시장 참가자	국제금융기관, 기업	불특정 다수

	선물환	선물
증거금	불필요	개시증거금, 유지증거금 필수
규제	자율적	관계당국의 규제

선물은 일일 정산제도를 기본으로 한다. 일일 정산제도란 매일 매일의 가격변동에 따라 손익을 정산하는 결제방법이다. 예를 들어 달러선물 1계약($10,000)을 ₩1,200에 매수하여 하루가 지난 가격이 ₩10이 하락한 경우 ₩100,000(₩10×$10,000)의 손실을 본 것이며, 이 때 자신의 증거금에서 손실액이 자동 정산되어 빠져 나간다.

선물은 계약 후 미래에 결제가 일어나는 거래이므로 중도에 선물가격의 큰 변동으로 계약 쌍방 중에서 어느 한 쪽이 큰 손실을 보게 될 경우 결제를 이행하지 않을 위험이 있다. 이러한 채무불이행 위험을 없애기 위하여 증거금 제도를 도입하고 있다. 증거금에는 주문을 개시할 당시에 납부해야 하는 개시증거금, 계약잔고를 유지하기 위하여 필요한 유지증거금이 있다. 예를 들어 살펴보자.

㈜중앙은 투자 목적으로 3월 2일 3개월 만기 달러 선물 2계약(계약당 $10,000)을 1,000원에 매수하였다. 개시증거금이 계약대금의 15%라고 하고, 유지증거금은 200만원이라고 하자. ㈜중앙은 선물가격 변동에 따라 증거금을 다음과 같이 납입하여

야 한다.

일자	거래내역	선물가격	손익 (만원)	증거금 (만원)
3.2	개시증거금	1,000	–	300
3.3		1,050	100	400
3.5		1,000	(100)	300
3.7	Margin call	930	(140)	160
3.7	추가증거금 납입			300

여기서 주의할 것은 증거금 수준이 유지증거금 이하로 떨어지면 추가증거금 예치요청(margin call)이 발생하게 되고, 개시증거금 수준까지 회복하기 위해 필요한 금액을 추가로 예치하여야 한다.

6. 선물가격의 결정과 차익거래

선물은 미래 시점에 매수 또는 매도할 것을 현재시점에 계약하는 것이므로 다른 조건에 변동이 없다면 선물의 가격은 기간에 대한 이자비용과 거래비용을 가산한 금액으로 결정이 된다. 예를 들어 설명해 보자.

㈜중앙은 반도체 생산에 필요한 원재료를 선물로 구입하고자 한다. 3월 2일 현재의 원재료에 대한 현물가격은 5,000만원이고, 차입이자율은 10%이며 원재료 관련 부대비용은 100만원이다. 기초자산의 가격 변동이 없다고 할 때 3개월 이후에 인도되는 원재료의 이론적인 선물가격은 $5,000(1+0.1\frac{90}{360})+100$ $=5,225$만원이다.

선물가격은 여러 조건에 영향을 받으므로 이러한 이론적인 가격에서 결정되지는 않는다. 그럼에도 불구하고 이자율과 거래비용은 선물가격을 결정하는 가장 중요한 두 가지 요소이므로 상품 선물의 내재가치를 판단하는 데 기초가 된다. 이론적인 가격 범위에서 벗어난다면 재정거래를 통하여 차익거래이익을 실현할 수 있을 것이다.

위의 예와 같이 만약 선물시장에서 3개월 이후에 인도되는 원재료의 선물가격이 5,250만원이라면 차익거래가 발생한다. 즉, 현재의 선물가격이 이론적인 가격에 비해서 과대평가되어 있으므로 현재시점에 5,000만원을 10%의 이자율로 차입하여 원재료를 매입하고, 3개월 만기가 되는 시점에 선물계약을 5,250만원에 매도함으로써 25만원의 차익을 실현할 수 있다. 차익거래의 과정을 구체적으로 설명하면 다음과 같다.

(단위: 만원)

거래내용	현금흐름	
	현재 시점	만기 시점
차입	5,000	(5,125)
현물매입	(5,000)	F-100
선물매도	-	5,250-F
합계	-	25

실제 선물시장에서 만기까지 보유하는 경우는 거의 없고, 중간에 반대매매를 통해 청산하는 것이 일반적이다. 금융투자의 목적으로 선물을 구입하였다가 만기에 실제로 선물계약을 실행한다면 보관비용 등을 감당할 수가 없기 때문이다. 예를 들어 원유선물을 금융투자 목적으로 매입하여 실제 만기에 선물계약

을 실행하여 원유를 매입한다면 원유의 보관비용 등을 감당할 수 없는 상황이 벌어지는 것이다. 이런 이유로 코로나19 때 원유선물의 가격이 (−)까지 떨어지는 사태가 발생하기도 하였다. 실물 원유가격이 지속적으로 폭락하는 상황에서 만기가 다가와도 원하는 가격에 팔리지 않으면 손해를 보더라도 만기 이전에 매도할 수밖에 없기 때문이다.

파생금융상품은 계약에서 정해진 금액만 지불하면 되므로 기초자산 공정가액의 일부만 지불하고 거래에 참여할 수 있다. 이것이 실물자산 투자와 비교하여 파생금융상품이 가지는 매력이다. 그러나 그 이면에는 큰 위험이 도사리고 있음을 유념하여야 한다. 기초자산 가격이 폭락할 경우 본인이 지불한 금액을 초과하는 손실이 발생할 가능성이 항상 존재한다. 또한 상기 원유선물의 가격 폭락 사례에서 보았듯이 기초자산 가격의 마이너스까지 떨어질 경우 투자로 인한 손실은 예상 범위를 초과할 수도 있다. 따라서 파생금융상품을 투자 국제포트폴리오에 편입시킬 경우 기초자산에 내재된 본질적인 위험에 대한 분석과 더불어 해당 파생상품계약에 수반되는 위험에 대해서도 반드시 분석한 후 투자 여부를 결정하여야 한다.

파생금융상품 II

1. 옵션의 정의

옵션이란 계약에 따라 정한 만기기간 동안 행사가격에 기초자산을 매수 또는 매도할 수 있는 권리를 말한다. 행사가격은 옵션 계약에 따라 미리 정한 매수(콜옵션) 또는 매도(풋옵션)의 가격을 의미한다. 기초자산은 다른 파생상품과 마찬가지로 계약의 대상이 되는 자산을 의미하는데 금리, 달러, 주식 등 다양한 금융상품과 실물자산이 기초자산의 대상이 될 수 있다. 옵션의 만기는 미래의 기간 동안 옵션에서 정한 계약상의 권리가 유효한 기간을 의미하므로 그 기간 동안 권리를 행사하여야 하며 그렇지 않을 경우 권리는 소멸된다.

옵션의 보유자는 의무는 없고, 권리만 부여받기 때문에 옵션 계약 그 자체만으로는 일방적인 불공평한 계약으로 보일 수 있다. 그러나 옵션에서 부여한 권리의 대가로 다른 형태의 의무(별도의 계약 등의 방법)를 제공해야 하는 것이 일반적이다. 예를 들어 스톡옵션의 경우 주식을 시장가격보다 싼 가격(행사가격)으로 매입할 수 있는 권리를 갖는 대신에 회사에서 충실히 근무해야 하는 의무를 부담해야 하는 것이다. 또한 옵션은 상업적인 계약에서 미래의 불확실성에 대한 대응 방안이므로 부수적으로 활용되는 경우가 많다. 회사의 경영권의 양도 또는 양수하는 주식매매계약에서 경영권의 양도자에게 부여되는 풋옵션이나 양수자에게 부여되는 콜옵션이 이에 해당한다. 이에 대한 구체적인 내용은 옵션의 사례에서 알아보기로 한다.

2. 옵션의 종류

🎯 콜옵션

콜옵션은 행사가격으로 기초자산을 매입할 수 있는 권리이다. 스톡옵션처럼 근로 등 일정한 서비스를 제공한 대가로 콜옵션을 받는 경우도 있고, 시장에서 일정한 대가를 지불하고 매수하는 경우도 있다. 콜옵션 매도자는 콜옵션 매수자와는 반대의 입장에 있으므로 콜옵션 매수자가 그 권리를 행사할 경우 이에 반드시 응해야 한다.

🎯 풋옵션

풋옵션은 행사가격으로 기초자산을 매도할 수 있는 권리이다. 콜옵션과는 다르게 풋옵션 매수자는 옵션 계약일 현재 기초자산을 보유하고 있다. 풋옵션 매도자는 풋옵션 매수자와는 반대의 입장에 있으므로 풋옵션 매수자가 그 권리를 행사할 경우 이에 반드시 응해야 한다.

3. 옵션의 유용성

🎯 위험회피 수단

금융시장에서 자산을 매수 또는 매도하고자 하는 사람은 그 자산의 보유 여부와 상관없이 가격의 상승과 하락에 대한 위험부담을 지게 된다. 계약 당시에 자산을 보유한 사람은 그 자산의 가치가 하락할 위험에 직면할 수 있다. 자산을 현재 보유하지 않았더라도 미래에 그 자산을 매입하고자 하는 사람은 미래에 그 자산의 가치가 과도하게 상승하여 매수가 어려운 상황에 직면할 수 있다. 전자의 경우 풋옵션 계약을 통해 자산가치 상승에 대한 불확실성을 해소할 수 있고, 후자의 경우 콜옵션 계약을 통하여 자산가치 하락에 대한 불확실성을 해소할 수 있다.

🎯 의무가 아닌 권리

파생금융상품은 일상적인 상거래에서 발생하는 다른 계약과 마찬가지로 계약의 상대방은 권리뿐만 아니라 의무도 부담해야 한다. 그러나 옵션은 다른 파생금융상품과는 달리 의무는 부담하지 않고, 권리만 부여 받는 것이 가장 중요한 특징이다. 여기서 주의할 것은 이러한 옵션의 권리는 옵션의 매수자만 보유한다는 것이다. 옵션의 매도자는 일정한 대가를 받고 옵션의 매수자에게 권리를 팔았기 때문에 옵션의 매수자가 권리를 행사할 경우 이에 반드시 응해야 하므로 옵션의 매도자가 권리를 가지는 것은 아니다.

◎ 불확실성 하의 의사결정

일상적인 상거래 계약은 불확실한 미래 상황에 대해서 쌍방의 권리와 의무를 규정하는 것이다. 반면 옵션은 계약 일방이 어떤 상황의 결과에 따라 과도한 부담을 지게 될 경우 권리만을 부여하는 금융상품이다. 그러므로 미래의 불확실성에 대응하는 매우 효과적인 수단이고, 다양한 형태로 이용된다.

4. 옵션의 손익구조

🎯 콜옵션의 손익구조

우선 콜옵션을 매입한 경우의 옵션이익을 살펴보자. 콜옵션 매수자는 기초자산의 가격이 행사가격(X)보다 낮은 경우에는 콜옵션을 행사하지 않을 것이다. 그러므로 기초자산의 가격이 행사가격보다 낮은 구간에서는 콜옵션 보유로 인한 이익이 없다. 기초자산의 가격이 행사가격보다 큰 경우에 콜옵션을 행사한다. 즉, 행사가격에 기초자산을 사서 시장에 매각하면 시장가격과 행사가격의 차이만큼 이익이 발생한다. 기초자산의 가격이 행사가격을 초과하면 콜옵션을 매입하여 보유한 경우 옵션이익이 비례적으로 증가하게 된다.

콜옵션 매도자는 콜옵션을 행사할 권리가 있는 것이 아니라 콜옵션 매수자가 권리를 행사할 경우 이에 응해 주어야 한다. 따라서 콜옵션 매도자의 손익은 콜옵션 매수자의 손익과 대칭의 형태를 보이게 된다.

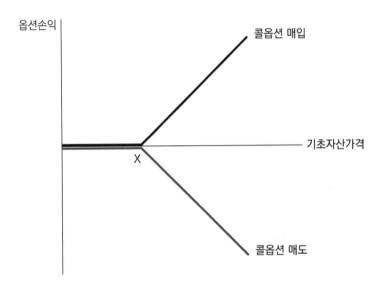

🎯 풋옵션의 손익구조

풋옵션을 매입한 경우의 옵션이익을 살펴보자. 풋옵션 매수자는 기초자산의 가격이 행사가격(X)보다 높은 경우에는 풋옵션을 행사하지 않을 것이다. 즉, 시장에서 기초자산을 파는 것이 유리하므로 굳이 풋옵션을 행사가격에 팔 이유가 없기 때문이다. 반대로 기초자산의 가격이 행사가격보다 낮은 경우에는 풋옵션을 행사한다. 즉, 시장에서 기초자산을 사서 행사가격에 팔면 그 차이만큼 이익이 발생하게 되는 것이다. 풋옵션 매수자의 손익은 기초자산의 가격이 행사가격보다 낮아지면 비례적으로 이익이 증가하고, 행사가격보다 높아지면 이익이 발생하지 않는다.

풋옵션 매도자는 풋옵션을 행사할 권리가 있는 것이 아니라 풋옵션 매수자가 권리를 행사할 경우 이에 응해 주어야 한다. 따라서 풋옵션 매도자의 손익은 풋옵션 매수자의 손익과 대칭의 형태를 보이게 된다.

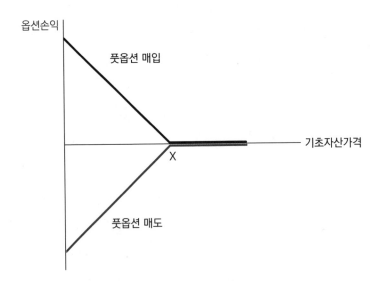

옵션손익

풋옵션 매입

기초자산가격

X

풋옵션 매도

5. 옵션가격

옵션은 기초자산을 사거나 팔 수 있는 권리이므로 그 권리를 획득하기 위해서 대가를 지불하여야 한다. 옵션 매입자는 최초에 일정한 옵션프리미엄(옵션가격)을 지불하고 매입하여 만기까지 보유할 수도 있지만 만기 이전에 일정한 가격에 옵션을 시장에 매각할 수도 있다. 이러한 거래가 이루어지기 위해서는 우선적으로 옵션가격이 결정되어야 한다.

옵션가격은 내재가치(intrinsic value)와 시간가치(time value)로 구분된다. 내재가치란 옵션을 행사한 경우를 가정했을 때 실현되는 가치를 의미한다. 이에 반해 옵션의 시간가치란 기초자산의 가격이 유리한 방향으로 변동할 가능성에 대한 가치로 옵션의 만기가 되면 더 이상의 변동가능성이 없으므로 사라지는 가치가 된다. 따라서 옵션의 만기가치에는 오로지 내재가치만 존재할 뿐 시간가치는 전혀 없다.

콜옵션의 경우 내재가치는 기초자산의 현재가치(S)와 행사가격(X)의 차이이다. 물론 이 경우는 S>X인 경우에 해당된다.

그러나 옵션가격은 S－X로 단순하게 계산될 수 없다. 왜냐하면 S는 옵션을 보유함으로써 미래에 알 수 있는 기초자산의 가격이므로 옵션의 거래시점에 그 가격이 얼마인지 알 수가 없고, 추정을 통해 계산할 수밖에 없다.

이러한 추정에 따른 옵션 가치가 시간가치에 반영되는 것이다. 옵션의 시간가치는 엄밀히 말해 옵션의 내재가치가 유리하게 변동할 가능성에 대한 가치라고 할 수 있다. 옵션은 권리이므로 불리한 경우에는 행사하지 않고, 유리한 경우에만 행사하므로 기초자산의 가격이 유리하게 변동할 가능성에 대한 확률분포에 따라 그 값이 결정된다.

옵션가격의 계산은 기초자산의 미래가격을 어떻게 예측하는가에 따라 여러 방법으로 계산된다. 이항옵션가격 결정모형은 기초자산의 가격이 이항분포를 따르며 변동한다는 가정하에 옵션의 현재 가격을 구하는 모형이다. 블랙－숄즈(F. Black and M. Sholes) 옵션가격결정모형은 이항모형과 달리 기초자산의 가격은 연속적으로 변동하며 만기의 기초자산 가치가 로그정규분포를 따른다는 가정하에 옵션가격을 계산하는 모형이다. 블랙－숄즈 모형에 의한 콜옵션의 가격을 산출하는 공식은 다음과 같다.

$$\text{Call Value} = S * N(d1) - Xe^{-Rt}N(d2)$$

S: 현재의 주식가격

N(d): 표준정규분포에서 d까지의 누적확률

X: 옵션의 행사가격

e^{-Rt}: 자연대수와 연속복리로 무위험이자율

　블랙－숄즈 모형에서는 일정기간 동안의 기초자산 가격변동이 아주 미세한 기간에 연속적으로 반복되어 얻어지는 것으로 가정하여 산출한 공식이다. 현재의 주식가격(S)과 행사가격(X)의 차이가 콜옵션의 내재가치이고, 옵션의 가치는 이 내재가치에 시간가치가 추가된 개념이다. 블랙－숄즈 모형은 미래의 시점에 결정되는 S와 X에 대한 추정을 표준정규분포 가정을 통하여 산출한다.

6. 옵션의 사례

🎯 스톡옵션(콜옵션)

스톡옵션은 콜옵션의 일종으로 회사가 종업원에게 일정한 행사가격으로 자사의 주식을 매입할 수 있는 권리를 부여하는 것이다. 스톡옵션을 받은 종업원은 근로의욕 상승으로 보다 충실히 회사 업무에 임하게 되고, 회사의 주가가 행사가격 이상으로 상승한 경우 스톡옵션을 행사하여 자사의 주식을 취득하면 시장가격과 행사가격의 차이만큼 자본이득을 누리게 된다. 스톡옵션 계약의 상대방은 회사로서 종업원이 스톡옵션을 행사할 때 회사는 행사가격에 주식을 발행(유상증자)하여 종업원에 지급한다.

🎯 경영권 양수도를 수반하는 주식매매계약(풋옵션)

㈜중앙은 ㈜변방의 대주주로부터 ㈜변방의 경영권지분 40%을 인수하는 주식매매계약을 체결한다고 하자. ㈜중앙이 제안한 주당 인수가액은 ㈜변방의 현재 시가인 10,000원에 경영권 프리미엄 3,000원을 합한 총 13,000원이다. 또한 ㈜중앙은 경영권을 인수한 이후에도 ㈜변방의 대주주가 회사의 경영에 도움 줄 것을 요청하였다. ㈜변방의 대주주는 주식매매계약 체결일 현재 30%의 지분을 경영권과 함께 양도하고, 나머지 10%의 지분은 본인이 보유하면서 회사 양도 후 경영을 지원할 것을 고려하고 있다. ㈜변방의 대주주도 ㈜중앙이 ㈜변방을 인수할 경우 시너지 효과가 있어 향후 주가가 상승할 것으로 기대하고 있다. 반면에 ㈜변방의 대주주는 향후 주가가 13,000원 이하로 하락하여 잔여지분 10%를 보유함으로 인하여 손실이 발생할 것을 우려하고 있다. 이 경우 ㈜변방의 대주주는 잔여지분에 대하여 13,000원 풋옵션 조항을 주식매매계약에 부가하면 주가 하락으로 인한 위험을 방지할 수 있다. 회사 양도 이후에 회사가 발전하여 주가가 13,000원 이상으로 상승할 경우 시장가격으로 주식시장에서 매도하여 추가적인 자본차익이 발생하여 이득을 취하게 되고, 기대와는 달리 양도 후 회사의 실적부진 등으로 인하여 주가가 13,000원 이하로 하락할 경우 풋옵션을 13,000

원에 행사하면 손실이 발생하지 않게 되는 것이다. 풋옵션을 보유한 잔여 지분 10%의 가치가 향후 주식가격의 변동에 따른 가치 변동은 다음과 같다.

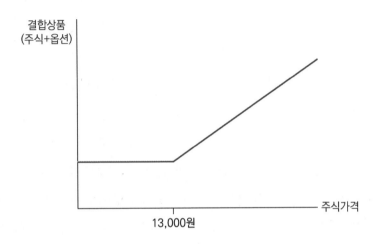

상기 그래프는 ㈜변방의 주주가 주식을 보유함과 동시에 풋옵션을 매입하여 결합금융상품을 보유한 경우의 손익을 나타낸다. 즉, 기초자산인 주식 보유에 따른 손익과 풋옵션 매입의 손익을 합한 손익을 나타낸다. 결합상품의 결과 앞에서 기술한 콜옵션 그래프와 모양은 동일하나 그 의미는 다르므로 주의가 필요하다.

이와 같이 옵션은 그 자체로 거래되는 경우도 있지만 다른 금융상품과 결합하여 거래되는 경우가 많다. 동일한 기초자산에 대하여 발행된 서로 다른 형태의 옵션을 결합하는 상품

(combination)도 있고, 옵션과 선물을 결합하여 합성포지션 (synthetic position)의 금융상품을 만들기도 한다.

옵션 보유자에게는 권리만 부여되고 의무는 없다. 옵션에서 부여하는 권리에 대한 대가로 옵션가격만큼의 현금을 지불하는 경우도 있다. 하지만 '세상에 공짜 점심은 없다'는 밀턴 프리드 먼의 명언처럼 주 계약에 옵션을 부가하여 사용하는 경우가 많 다. 옵션에는 권리만 있지만 옵션이 부가된 주 계약에서 옵션의 보유자가 부담해야 하는 의무가 포함되는 것이다.

금융시장에서의
의사결정

1. 금융시장의 구조

경제주체 간의 자금 유통을 금융이라 하며, 자금 유통이 이루어지는 시장을 금융시장(financial market)이라 한다. 금융시장은 여유자금을 가지고 있는 사람들에게는 투자수단을 제공하고, 자금을 필요로 하는 사람에게는 자금을 공급해 주는 역할을 한다.

금융시장은 금융이 이루어지는 경로에 따라 직접금융시장과 간접금융시장으로 구분한다. 그리고 직접금융시장은 거래되는 증권의 만기에 따라 화폐시장과 자본시장으로 구분된다.

🎯 간접금융시장과 직접금융시장

간접금융시장은 자금의 최종수요자와 공급자 간에 금융중개기관이 개입하여 직접 또는 간접증권의 매매형태로 자금의 수급이 이루어지는 시장을 말한다. 여기에서 간접증권(secondary security)이란 자금의 최종수요자가 아닌 중개기관이 자금조달을 위해 발행한 증권으로 예금증서나 보험증서가 그 대표적인 형태이다. 간접금융시장에서는 투자자가 중개기관에 자금을 투입하는 시점에 자신의 자금이 어느 회사에 투자되는지를 알 수가 없다.

반면에 직접금융시장에서는 투자자가 자신의 자금이 어느 곳에 투자가 되는지 투자의사결정 시점에 알 수 있다. 즉, 직접금융시장은 중개기관을 거치지 않고 자금의 최종수요자(기업)와 공급자 간에 직접증권의 매매형태로 자금의 수급이 이루어지는 시장을 말한다. 여기에서 직접증권(primary security)이란 자금의 최종수요자가 자금을 조달하기 위해 발행한 증권으로 주식과 채권이 그 대표적인 형태이다. 직접금융시장은 투자기관에 따라 화폐시장과 자본시장으로 나눌 수 있다.

🎯 화폐시장과 자본시장

화폐시장(money market)은 만기가 1년 이하이고, 일반적으로 유동성과 신용도가 높으며 가격변동위험이 상대적으로 적은 금융상품들이 거래되는 시장을 말한다. 화폐시장에 거래되는 주요 금융상품에는 단기국공채, 기업어음(Commercial Paper; CP), 양도성예금증서(CD), 환매조건부채권(Repurchase Pgreement; RP), 화폐시장상호기금(Money market Mutual Funds; MMF) 등이 있다. 화폐시장은 기업의 단기 유동성을 공급하는 시장이다. 자금을 조달하는 기업이 1년 이내에 경영악화 등으로 인하여 상환이 어려운 경우에는 이 화폐시장을 통하여 자금을 조달하기 어렵다. 그러므로 화폐시장에서 단기 신용위험이 높지 않은 것이 일반적이나 신용위험이 완전히 제거되지는 않으므로 주의가 필요하다.

자본시장(capital market)은 일반적으로 만기 1년 이상의 유가증권이 거래되는 시장을 말한다. 유가증권에 기업이 발행하는 주식과 회사채, 정부나 공공기관이 발행하는 국공채 등이 포함된다. 자본시장에서 거래되는 증권들은 화폐시장에서 거래되는 증권에 비하여 신용위험과 가격변동위험이 상대적으로 높다. 자본시장을 발행시장과 유통시장으로 구분하여 설명하고자 한다.

🎯 발행시장

발행시장(primary market)이란 유가증권이 최초로 발행되어 투자자들에게 매각되는 시장을 말한다. 즉, 발행주체가 실제로 자금을 조달하는 일차적 시장이다. 발행시장은 증권의 발행방식에 따라 사모와 공모로 구분한다.

사모(私募, private placements)는 발행자가 모든 발행증권을 자신과 연고가 있는 기관투자자나 소수의 투자자들에게 매각하여 필요한 자금을 직접 모집하는 방식이다. 발행기업은 발행조건 등에 대해서 투자자와 직접 협상하여 결정한다.

공모(公募, public offering)는 발행자가 불특정 다수인을 상대로 증권을 매각하는 방법으로 발행하는 것을 의미한다. 기업이 자본 시장에서 직접 발행하는 경우는 드물고 인수기관을 통하여 간접적으로 발행하는 경우가 일반적이다. 중개기관이 기업을 대신하여 발행업무를 대행하고, 이에 따르는 위험을 부담하는 것을 인수(underwriting)라고 한다.

총액인수(firm commitment underwriting)는 중개기관이 미리 약정한 가격에 발행예정총액을 인수한 후 자신의 책임하에 일반투자자에게 매각하는 방법이다. 중개기관은 별도의 수수료를 받지 않으며 판매가격과 인수가격의 차이가 중개기관의 이익이다.

잔액인수(stand-by underwriting)는 중개기관이 일차적으로 발행증권을 발행인과 약정한 가격으로 일반투자자에게 매각하고, 미인수 잔액이 있을 경우에만 인수하는 방법이다. 중개기관의 이익은 발행기업으로부터 받는 인수수수료와 판매수수료이다.

모집주선(best effort offering)은 발행에 따르는 모든 위험은 발행회사가 부담하고, 중개기관은 발행업무만을 담당하는 방법이다.

투자자가 발행시장에 참여하는 방법은 비상장주식을 취득한 후 해당 주식이 상장하는 시점에 주식시장을 통하여 자본이득을 실현하는 것이다. 비상장주식은 거래빈도와 규모가 작고 공개적인 시장을 통하여 거래되는 시장이 아니므로 주식의 가치가 비정상적으로 평가되는 경우가 많다. 특히 상장을 목전에 둔 비상장기업의 주식이 시장 참여자의 관심이 높아짐에 따라 비정상적으로 높게 평가되어 거래되다가 그 주식이 상장한 후 오히려 시장가치가 하락하는 경우도 빈번히 발생한다. 발행시장에서 자본이득을 달성하기 위하여 비상장주식을 취득하는 경우에는 그 주식의 가격이 적정하게 평가되어 거래되고 있는지에 대한 검토가 반드시 필요하다.

🎯 유통시장

유통시장(secondary market)은 이미 발행된 증권들이 투자자들간에 거래되는 시장으로 이차적 시장에 해당된다. 유통시장은 발행된 증권의 유통성과 시장성을 부여하여 유가증권의 공정한 시장가격 형성에 기여한다. 이렇게 유통시장에서 형성된 가격은 회사의 미래 성장성뿐만 아니라 경영자의 경영능력을 평가하는 기준이 되기도 한다.

거래소시장(on board market)은 유가증권의 집단매매거래가 이루어지는 구체적이고 조직적이며 계속적인 시장이다. 회사의 주식이 상장되어 거래되는 시장이다.

장외시장(off board market)은 상장증권뿐만 아니라 비상장증권과 단주(odd lot)가 거래되는 비조직적인 시장으로 점두시장(over the counter market)이라고도 한다. 장외시장에서는 고객 상호 간, 고객과 증권회사 간 또는 증권회사 간의 개별적인 매매거래 형태로 거래가 이루어진다. 장외시장의 거래소시장에 비해서 시장참가자와 거래의 빈도가 적으므로 주식의 거래가격이 회사의 공정가치를 제대로 반영하지 못하고, 과대평가되거나 과소평가되는 경우가 발생하기도 하므로 장외시장에서 거래에 참가하는 경우 주의가 필요하다.

2. 자본시장의 효율성

　　자본시장의 기본적인 기능은 두 가지로 요약할 수 있다. 하나는 일반투자들의 소규모 유휴자금을 모아서 대규모의 투자자금을 필요로 하는 기업에 공급해 주는 것이며, 다른 하나는 투자자들에게 여유자금을 투자할 수 있는 투자수단을 제공하는 것이다. 자본시장이 이러한 기능을 제대로 수행하고 있을 때 자본시장이 효율적이라고 하는데, 구체적으로 다음의 세 측면에서 효율성이 달성되어야 한다.

① 운영의 효율성(operational efficiency): 운영의 효율성은 증권을 사거나 팔고자 하는 사람들이 가장 저렴한 비용으로 거래할 수 있는 상태를 말한다. 일반적으로 투자자는 거래서비스를 받는 대가로 거래수수료를 지급하고, 증권의 발행자는 발행비용을 지급한다. 거래수수료나 발행비용이 가장 저렴할 때 증권시장은 운영의 효율성을 달성할 수 있다. 현재의 주식시장은 주식거래의 중개가 온라인으로 가능해짐에 따라 거래수수료가 현저히 감소되어 운용의 효율성이 높다

고 볼 수 있다.

② 배분의 효율성(allocational efficiency): 배분의 효율성은 희소한 자원이 모든 사람들에게 이득이 될 수 있는 방법으로 생산적 투자에 최적으로 배분될 수 있는 상태를 말한다. 미래 현금흐름의 현재가치(net present value)가 가장 큰 투자안부터 자금을 배분하여 최종적으로 위험조정 후 한계수익률이 자금의 수요자와 공급자에 대하여 일치할 수 있도록 가격이 결정될 때 배분의 효율성이 달성된다.

③ 정보의 효율성(informational efficiency): 정보의 효율성은 시장에서 결정된 증권가격이 이용 가능한 정보를 충분히 반영하고 있는 상태를 말한다. 정보의 효율성은 정보의 배분이 즉시적으로 공평하고 비용 없이 충분히 이루어질 때 달성된다. 기업이 주가에 긍정적인 사건에 대한 공시를 할 때 주식의 가격이 공시를 한 직후 일정하게 상승한다면 정보의 효율성이 높다고 할 수 있다. 반면에 내부정보의 유출 등으로 인하여 정보의 공개 이전에 주가가 상승한다면 정보의 효율성이 낮은 것이다.

🎯 효율적 시장가설

　효율적 시장가설(efficient market hypothesis; EMH)이란 정보의 효율성과 관련된 개념으로서 자본시장의 가격이 이용 가능한 정보를 충분하게 즉시 반영한다는 가설이다. 효율적 시장가설이 성립하면 어떤 정보가 이미 시장가격에 충분히 반영되어 있기 때문에 투자자들은 그 정보를 이용하더라도 비정상적인 초과수익을 얻을 수 없다.

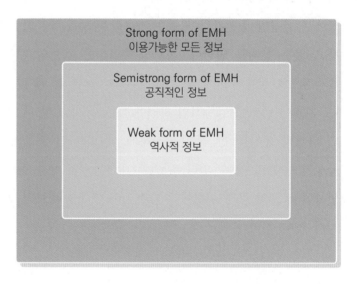

① 약형 효율적 시장가설(weak form of EMH): 자본시장에서 형성된 가격이 이미 과거의 가격이나 거래량과 같은 역사적 정보를 모두 반영하고 있다는 가설이다. 따라서 약형 효율적 시장가설이 성립하는 시장에서는 과거의 가격이나 거래량이 가지는 정보를 이용하더라도 초과수익을 얻을 수 없다.

② 준강형 효율적 시장가설(semi-strong form of EMH): 자본시장에서 형성된 가격이 이미 공식적으로 이용 가능한 정보를 모두 반영하고 있다는 가설이다. 따라서 준강형의 효율적 시장가설이 성립하는 시장에서는 공식적으로 이용 가능한 정보를 이용하더라도 초과수익을 얻을 수 없다. 공식적으로 이용 가능한 정보에는 과거의 가격이나 거래량, 기업이 보고한 회계정보, 기업의 재무정책, 증권관계기관의 투자자료, 공시자료, 정보의 경제정책 등이 있다.

③ 강형 효율적 시장가설(strong form of EMH): 자본시장에서 형성된 가격이 이미 이용 가능한 모든 정보를 반영하고 있다는 가설이다. 따라서 강형의 효율적 시장가설이 성립하는 시장에서는 어떤 투자자라도 초과수익을 얻을 수 없다. 이용 가능한 모든 정보는 과거의 가격이나 거래량 등 공식적으로 이용 가능한 정보 외에 공식적으로 이용 불가능한 내부정보까지 포함된다.

🎯 공정공시제도

자본시장의 효율성을 위한 대표적 장치가 공정공시제도(fair disclosure)이다. 공정공시제도는 미국이 세계 최초로 2000년 10월부터 시행하였고, 우리나라는 2002년 11월부터 시행된 제도이다. 기업이 중요한 정보를 특정인에게만 선별적으로 알리는 것을 금지하고, 오로지 증권시장을 통해서만 알리도록 하는 제도를 말한다. 상장기업이나 등록기업에 어떤 일이 생기거나 투자계획 등이 확정되면 증권거래소나 금융감독원에 공시해 투자들에게 알리는 일반공시와는 달리 모든 투자자들에게 공평하게 정보를 제공하는 것을 목적으로 한다. 우리나라의 모든 상장회사에 대한 공시사항은 금융감독원공시사이트(DART)를 통하여 누구나 확인이 가능하다.

주요 대상 정보는 사업 및 경영계획, 영업실적 전망과 예측, 기타 중요 정보 등이며 공정공시를 법에서 정한 횟수 이상을 위반하면 관리종목 또는 투자 유의종목 등의 제재가 가해진다.

국제금융시장에서 강형 효율적 시장가설이 성립하는 실제 자본시장은 없다. 현재 우리나라에서 시행되고 있는 공정공시제도를 감안할 때 우리나라의 자본시장은 효율적이라고 볼 수 있으며, 정보 효율성 측면에서 준강형 시장에 가깝다고 본다.

3.   사모펀드와 자산운용사

2019년에 라임 자산운용사와 2020년에 옵티머스 자산운용사에서 발행한 사모펀드에 투자한 개인 투자자들이 대규모 손실을 입은 사건이 발생했다. 자산운용사와 사모펀드가 무엇인지에 대해서 알아보고, 이러한 대규모 손실이 발생한 원인에 대해서 검토해 보고자 한다.

🎯 사모펀드

우리나라 금융시장에서 사모펀드 투자로 대규모 손실이 발생하여 해당 펀드를 발행했거나 판매한 금융기관과 분쟁이 발생하는 경우가 있다. 우리나라 사모펀드 시장의 특성을 간략히 살펴보고, 왜 이런 사태가 발생하는지 검토해 보고자 한다.

투자자가 주식시장에서 개별 회사주식을 사는 것을 직접투자라고 한다. 직접투자를 위한 전문적인 지식이 부족하거나 투자안 검토를 위한 시간 부족 등의 사유로 본인이 직접 투자하지 않고, 전문투자가에게 맡기는 것을 간접투자라고 한다. 이러한 간접투자의 대표적인 형태가 펀드이고, 펀드는 그 형태에 따라 공모펀드와 사모펀드로 구분된다.

공모펀드는 금융시장에서 50인 이상의 불특정 다수로부터 공개적인 방법으로 자금을 모아서 투자하는 것을 의미한다. 증권회사나 시중은행의 창구에서 일반 대중을 상대로 판매하고 있는 펀드들이 공모펀드에 해당된다. 공모펀드는 투자 대상, 투자 비율 등에 대해서 금융감독원에서 엄격하게 규제를 하고 있어서 사모펀드에 비해서는 비교적 안전한 금융상품이라고 할 수 있다.

사모펀드는 50인 미만의 소수 투자자를 대상으로 비공개적으로 자금을 모집하는 집합투자기구이다. 사모펀드는 공모펀드에 비해 펀드의 발행과 운용 등에 있어서 금융감독원의 규제도 상대적으로 약하기 때문에 투자자들이 높은 위험에 노출된다고 볼 수 있다. 사모펀드는 펀드의 주된 목적이 무엇인가에 따라 헷지펀드와 PEF(Private Equity Fund)로 구분된다.

헷지펀드는 조달된 자금을 운용하여 높은 수익을 올리는 것이 주된 목적이고, 이를 달성하기 위해서 매우 광범위한 자산에 투자한다. 공모펀드가 주식이나 채권 등 정형화된 상품에 주로 투자하는 것과 달리 고수익을 추구하여 다양한 자산에 투자하므로 고위험이 수반될 수밖에 없다. 헷지펀드의 투자대상은 증권시장에서 일반 대중을 상대로 거래되는 주식이나 채권뿐 아니라 원자재, 부동산 기업어음, 매출채권, 주식 공매도 등 정형화되어 있지 않은 상품들까지 포함한다. 이러한 형태의 비정형화된 투자상품은 공개되는 정보가 부족하므로 투자의사결정에서 위험을 판단하기가 어려운 경우가 많다.

헷지펀드는 발행회사가 직접 판매하기 보다는 시중은행을 통해서 판매하는 경우가 많다. 헷지펀드에 대한 투자자는 투자상품에 대한 정보를 스스로 분석하지 않고, 판매사인 시중은행의 신뢰도를 믿고 투자를 하는 경우가 있다. 헷지펀드는 본질적으로 고수익을 추구하는 고위험 투자이므로 펀드에 대한 투자의사결정은 발행회사가 제공하는 원천 정보에 근거하여 심도 있게 검토한 후 결정하여야 한다.

헷지펀드는 금융상품에 투자만 할 뿐 투자한 회사의 경영에 직접 참여하는 경우는 없다. 이에 반해 PEF는 투자한 회사의 경영에 참여하여 회사의 가치를 높이기 위해서 적극적으로 관여하는 사모펀드를 의미한다. PEF의 투자자는 GP와 LP로 구분이 되는데, GP(General Partner)는 무한책임투자자를 의미하며, LP(Limited Partner)는 유한책임투자자를 의미한다. 쉽게 말해서 GP는 무한 책임이므로 투자한 회사에 경영 전반에 직접 관여하는 투자자이고, LP는 이러한 GP를 믿고 돈을 맡긴 투자자로 이해하면 된다.

기업의 M&A 시장에서 인수주체가 일반 회사가 아니라 PEF가 되는 경우가 많이 있다. PEF는 펀드를 통하여 투자자들로부터 인수자금을 조달하여 인수한 다음 경영에 적극적으로 참여하여 회사가치를 높인다. 이후 시장에 높은 가격으로 되팔아서 자본차익을 실현시키고 투자자들에게 분배한 후 해당 펀드를 해산하는 절차로 진행되는 경우가 일반적이다.

사모펀드는 투자자들에게 다양한 투자 기회를 제공하고, 기업의 경영을 효율화 역할을 한다는 측면에서 자본시장에서 중요한 축을 담당하고 있다. 사모펀드에 대한 특성과 위험 등을 정확히 이해하고 접근할 필요가 있다.

🎯 자산운용사

　자산운용사는 펀드를 운용하는 회사이다. 자산운용사는 펀드를 만들어 시중은행 등으로 구성된 판매사를 통해 일반 투자자들에게 판매해 자금을 모은 후 운용하여 수익을 내고, 그 수익금을 사전에 투자자들과 정해진 약속에 따라 정기적으로 배분하는 업무를 한다.

　과거에는 투자신탁사라는 명칭으로 자산운용과 상품판매를 같이 취급하였으나, 1990년대 말 투자신탁사의 판매와 운용의 분리화에 따라 투자신탁운용사와 투자신탁증권사로 분리시켰고, 이후 투자신탁사가 이름을 바꿔 자산운용사가 되었다. 자산운용사는 펀드를 투자자에게 직접 판매하지 못하기 때문에 상품의 판매를 시중은행, 증권, 보험회사 등에 위탁을 한다. 자산운용사는 일종의 금융투자업으로 자본시장과 금융투자에 관한 법률(일명, 자본시장통합법)에 따라 금융감독원으로부터 인가를 받아 설립된다.

　일반 투자자들은 펀드를 판매사로부터 매입할 때 판매사의 신뢰도를 믿고 투자의사결정을 하는 경우가 많다. 그러나 펀드 투자의사결정에 중요한 부분이 어디서 판매하는가 보다는 어떤 자산운용사가 펀드를 만들어서 운용하는가가 더 중요하다. 즉, 펀드를 설정한 자산운용사의 신뢰도, 해당 펀드를 운용하는 펀드 매니저의 실력, 펀드의 규모 등을 검토하여 투자의사결정을 하는 것이 바람직하다. 또한 그 펀드가 투자하는 자산의 구성내역에 대해서 가능한 모든 정보를 수집하고 사전에 철저하게 분석하여 원금 손실 가능성과 위험에 대한 분석이 이루어져야 한다.

4. 불확실성 하의 의사결정

금융시장에서의 의사결정은 불확실성 하의 의사결정이다. 금융상품의 가격은 해당 금융상품을 보유함으로써 예상되는 미래현금흐름을 적절한 할인율로 환산한 현재가치 총합으로 계산되므로 금융상품의 현재 가격에는 본질적으로 미래에 대한 불확실성이 내포되어 있다. 자본시장이 효율적이어서 금융상품의 가격이 공시된 모든 정보를 반영한다고 하더라도 미래에 대한 예측은 정확할 수 없기 때문에 보는 시점과 관점에 따라서 그 가격은 끊임없이 달라진다. 그래서 금융시장에서의 의사결정이 어려운 것이다. 실제 사례를 살펴보자.

A는 명문대를 수석 졸업하고 대기업에 임원으로 근무하고 있다. 회사 근처에 신축주상복합건물을 분양 받아 계약금을 납부하고, 잔금을 2년에 걸쳐 6개월마다 일정금액을 납입하고 있었다. A는 유명 법무법인에 근무하는 변호사 친구 B와 식사를 하다가 B가 모 코스닥기업에 거액을 투자한 사실을 알게 되었다. B는 회계법인 대표인 친구 C가 먼저 거액을 투자했다는 소

식을 듣고 투자결정을 했다고 하였다. A는 평소 B와 C를 잘 알고 그들이 이 분야에 전문가라고 믿었기 때문에 해당 코스닥 회사에 대해서는 아무런 검토도 없이 신축주상복합건물 매입에 잔금으로 준비해 둔 모든 자금과 이를 담보로 은행차입금을 조달하여 거액(본인 전 재산의 절반 이상)을 투자하였다. 투자한 후 3개월 뒤 그 회사는 상장폐지 되었고, A, B, C가 투자한 주식은 모두 거래가 불가능하게 되었다.

금융자산에 투자할 때 많은 경우 주위 지인들로부터 얻은 정보나 소문에 의존하여 의사결정을 하는 경우가 많다. 우리는 작은 전산 소모품 하나를 사더라도 인터넷 검색사이트를 통해 여러 제품의 품질, 가격을 조사한 후 의사결정을 한다. 반면, 금융상품에 대한 투자는 정보에 대한 충분한 검토 없이 소문에만 의존하여 쉽게 투자의사결정을 내리는데 위 사례와 같은 위험한 상황이 벌어지게 될 수도 있음으로 경각심을 가져야 한다.

우리의 금융시장은 효율적으로 이루어져 있다. 어떤 금융상품에 투자하고자 한다면, 투자회사에 대한 재무정보, 분석보고서, 언론 기사 등은 누구나 입수가 가능하다. 또한 거시적인 경제지표, 이자율 동향, 세계 금융시장의 동향 등에 대해서도 평소에 관심을 가지고 있다면 시장에서 충분히 정보를 얻을 수 있다.

이러한 입수 가능한 정보를 바탕으로 불확실한 미래에 대해서 스스로 예측을 하여야 한다. 그리고 본인이 투자하고자 하는 회사에 대해서도 경영진의 능력과 신뢰성, 조직의 효율성, 미래 성장 가능성 등에 대해서 면밀한 분석과 합리적 판단을 하여야 한다. 미래에 대한 예측은 누구도 정확할 수 없다. 그러나 지식과 정보에 기초한 합리적 의사결정을 위한 노력은 금융시장에서 투자에 대한 효율을 점진적으로 높이는 지름길이다.

국제무역

국제금융시장에서 각국이 수행하는 정책은 상호 밀접하게 연결되어 있다. 자국의 이익만을 위해 취한 어떠한 정책이 단기적으로 이익을 줄 수도 있으나, 장기적으로는 큰 이익이 되지 않는 경우가 자주 발생한다. 국제금융시장은 서로 밀접하게 연결되어 있기 때문에 자국의 이익만을 추구하는 이기적인 정책은 다른 나라의 공격 대상이 되어 오히려 예상치 못한 역풍을 맞는 경우를 자주 목격한다. 이 장에서는 실물시장에서 국제교역을 통하여 상호 이익을 볼 수 있다는 것을 확인하고, 국제금융시장에서 상호 의존하고 있는 각국의 정책협조의 필요성에 대해서 살펴보고자 한다.

1. 절대우위론

세계 각 국가의 부존자원의 양은 서로 다르다. 국제적인 경쟁사회에서 한 국가가 다른 국가보다 더 적은 양의 자원으로 어떤 재화를 생산할 수 있을 때 그 재화 생산에 있어 절대우위에 있다고 한다. 아담 스미스(Adam Smith)의 절대우위론은 이러한 절대우위의 개념을 국제무역에 적용한 것으로 각국이 절대적으로 생산비가 낮은 재화생산에 특화하여 서로 교환을 하며 두 나라가 모두 이익을 얻을 수 있다는 기본개념이다.

	한국	미국
A재	1단위	2단위
B재	2단위	1단위

위의 표는 한국과 미국에서 A재를 1단위 생산하는 데 각각 필요한 자원 투입량을 나타낸다. 폐쇄경제 하에서 교역이전에 한국과 미국은 A재와 B재를 각각 10개씩 생산하여 자가소비하

고 있다고 가정하자. 양국은 각 10개씩 생산하기 위하여 각각 30의 자원투입이 필요하다. 개방경제 하에서 교역이 자유롭게 이루어진다고 가정하면 한국은 A재에 절대 우위가 있으므로 여기에만 자원 30을 모두 투입하면 A재를 30개 생산이 가능하다. 미국은 B재에 절대우위가 있으므로 여기에만 자원 30을 모두 투입하면 B재를 30개 생산할 수 있다. 그리고 나서 한국이 생산한 A재 15개와 미국이 생산한 B재 15개를 상호 교환하면 양국은 A재와 B재를 모두 15개씩 소비할 수 있다. 결과적으로 교역으로 인하여 동일한 자원을 투입하고도 A재와 B재를 양 국간 모두 5개씩 더 소비할 수 있게 된다.

2. 비교우위론

절대우위론은 한 나라가 두 재화 생산에 있어서 모두 절대우위에 있는 경우에도 교역이 발생하는 현상을 설명하지 못하는 한계가 있다. 실제 개방경제 하에서 자원이 풍부하고 기술이 뛰어난 선진국이 모든 재화를 생산하여 일방적으로 수출만하는 것이 아니라 수출과 수입이 모두 이루어지는 상황이 있기 때문이다. 이런 상황을 설명한 교역이론이 리카도(D. Ricardo)의 비교우위론이다.

한 국가가 다른 국가보다 낮은 기회비용으로 어떤 재화를 생산할 수 있을 때 그 재화생산에 비교우위가 있다고 말한다. 일반적으로 한 국가가 모든 재화 생산에 절대우위를 가질 수는 있으나 모든 재화생산에 비교우위를 가질 수는 없다.

비교우위론에 의하면 각국이 비교우위에 있는 재화의 생산에 특화하여 이를 서로 교환하면 자급자족할 때보다 더 많은 양의 재화를 소비할 수 있게 된다.

	한국	미국
A재	1단위	8단위
B재	2단위	4단위

이 표를 보면 한국은 미국에 비해 모든 재화에서 생산에 필요한 자원 투입량이 적어 모든 재화에서 절대우위에 있다. 절대우위론에 따르면 한국은 모든 재화를 생산하고, 미국은 어떤 재화도 생산하지 못하는 상황이 발생한다.

각국이 어느 재화에 비교우위에 있는지를 보기 위하여 절대자원 투입량을 비교자원 투입량으로 변경이 필요하다. 비교적 자원 투입량을 기회비용의 개념을 이용하여 계산한다. 예를 들어 한국은 A재화를 1개 생산하기 위하여 B재를 0.5개 포기하여야 한다(A재 자원 투입량/B재 자원 투입량). 이런 방식으로 비교자원 투입량을 계산하면 다음과 같다.

	한국	미국
A재	0.5	2
B재	2	0.5

이제 개방경제 하에서 한국은 A재만 30개, 미국은 B재만 30개를 각각 생산하여 1:1의 비율로 15개를 상호 교환 한다고

하자. 한국은 A재 30개를 생산하기 위하여 30의 자원투입이 필요하다. 미국은 B재 30개를 생산하기 위하여 120의 자원투입이 필요하다. 이로써 양 국가는 총 150의 자원을 투입하여 양 재화를 각각 15개씩 소비할 수 있다.

만약, 교역을 하지 않는 폐쇄경제라면 각국이 양 재화를 15개를 소비하기 위하여 한국은 45의 자원투입이 필요하고, 미국은 180의 자원투입이 필요하여 양국은 총 225의 자원을 투입하여야 하는 것이다. 이렇듯 비교우위를 이용하면 개방경제 하에서 교역을 통하여 상호 후생이 증가한다는 것을 알 수 있다.

3. 자유무역주의와 보호무역주의

　　자유무역주의는 국가 간의 무역활동이 완전히 시장의 경제원리에 따라 자유롭게 이루어지도록 방임하자는 이론이다. 자유무역에 관한 주장은 아담 스미스의 절대우위론에서 출발하여 리카도의 비교우위론을 거쳐 현대적인 무역이론으로 발전하였다.

　　자유무역주의 주장에 따르면 각국이 비교우위가 있는 재화 생산에 특화하여 자유무역을 하게 되면 국제적으로 자원배분의 효율성이 높아진다는 것이다. 또한 무역이 이루어지면 각국의 소비가능영역이 확대되므로 무역 당사자국들의 후생수준이 증대된다. 대부분의 경제학자들은 자유무역을 옹호하고 있으나, 자유무역을 할 경우 모두의 후생수준이 증가하는 것이 아니라 일부 불리해지는 계층이 발생한다는 문제점이 있다.

　　자유무역주의의 이런 문제점을 해결하기 위해서 나온 것이 보호무역주의이다. 보호무역주의는 국내산업을 보호하고 육성하기 위하여 국가가 적극적으로 수입을 규제해야 한다는 이론이다.

보호무역과 관련하여 미국의 A. 해밀턴이 처음 주장하였고, 독일의 경제학자인 F. 리스트에 의해 유치산업 보호론이 체계화되었다. 그 후 일부 학자들에 의해 후진국 입장에서 보호무역의 타당성을 주장하는 이론이 등장하였고, 선진국의 사양산업을 보호하기 위한 신보호무역주의 주장도 대두되었다. 그 이외에도 실업방지, 국가안보 측면, 외국의 불공정 무역에 대한 대응차원 등의 측면에서 보호무역을 주장하는 이론이 등장하였다.

개방경제 하에서 보호무역주의는 자원의 효율적인 배분에 방해가 되어 전체적인 후생수준을 감소시키는 결과를 초래할 수 있다. 그러나 각국은 여러 이유에서 자국의 이익을 위하여 보호무역주의를 취하고 있는데 몇 가지 예를 들면 다음과 같은 것들이 있다.

① 유치산업보호: 국내에서 초기 단계에 있으나 일정기간 동안 보호해 줄 경우 충분히 경쟁력을 갖출 수 있을 것으로 판단되는 산업은 일정기간 동안 보호해 주어야 한다. 유치산업이 성장하여 체계를 갖추게 되면 보다 큰 규모의 경제가 발생할 수 있고, 생산경험이 축적되면 학습효과가 커지므로 경쟁력을 갖출 수 있을 때까지 보호하여야 한다.

② 실업의 방지: 자유무역으로 인해 외국제품이 유입되면 국내 생산과 고용이 감소하므로 실업을 막기 위해 보호무역조치가 필요하다. 그러나 보호무역을 통하여 비효율적인 산업의

고용을 유지하는 것은 바람직하지 않은 면이 있으며 오히려 국제경쟁에서 비교우위가 있는 산업의 고용을 확대하는 것이 바람직하다.

③ 국가안보: 식량을 외국에서 수입하고 있는 상황에서 수출국이 식량수출을 거부한다면 국가안보가 위협받을 수 있으므로 비교우위가 없더라도 어느 정도의 식량은 국내에서 생산해야 한다.

④ 외국의 불공정무역에 대한 대응: 외국정부가 조세 및 보조금을 통해 수출기업들을 지원한다면 이에 상응하는 정책을 실시해야 한다.

⑤ 전략적인 차원: 어떤 국가가 자국 수출품에 대한 관세를 부과할 경우 상대방 국가의 수출품에 대해 상응하는 관세를 부과하겠다고 위협함으로써 상대방 국가의 관세부과를 억제할 수 있다.

개방경제 하에서 자국의 이익을 우선시하는 보호무역주의가 국제적인 차원에서 최선의 선택인지는 다각적인 접근과 판단이 필요한 영역이다.

4. 보호무역정책 관세

　　보호무역주의의 대표적인 방법이 관세 및 비관세 장벽이다. 관세는 국내산업 보호, 교역조건 개선, 조세수입 확보 등을 목적으로 무역에 개입함으로써 자원배분에 영향을 미치는 무역정책의 일종이다. 역사적으로 볼 때 관세는 수량할당제(quota)와 더불어 오랫동안 널리 사용되어 온 무역정책 수단이다. 관세는 그 목적에 따라 다양한 형태로 부과되는데 자주 쓰이는 몇 가지 용어에 대해서 살펴보자.

① 반덤핑관세: 특정국가의 상품이 정상가격 이하로 수입되는 덤핑행위에 대해서 부과하는 관세

② 보복관세: 상대국의 자국상품에 대한 관세부과에 대항하기 위해 부과하는 관세

③ 보호관세: 국내산업을 보호하기 위하여 부과하는 관세

④ 상계관세: 수출국에서 직·간접적으로 생산 또는 수출에 대하여 장려금이나 보조금을 지급하였을 때 이를 상쇄하기 위해 부과하는 관세

보호무역 정책의 하나인 관세의 경제적 효과와 관세부과가 경제주체의 후생에 미치는 영향에 대해서 간단한 모델을 통하여 살펴보기로 하자. 어떤 재화에 대한 수요와 공급의 곡선이 다음과 같다고 하자. 개방경제 하에서 이 재화는 비교되는 열위에 있어 모두 해외에서 수입해서 소비한다고 가정하면 수입의 국제가격(P_0)은 자체 생산하여 소비할 때의 가격(P^*)보다 낮은 가격에 소비가 가능하므로 수요곡선상에서 소비자 후생이 인하된 가격($P^* - P_0$)만큼 증가한다. 이제 국내산업보호 등의 목적으로 관세를 부과하여 수입가격이 P_1으로 상승하였다고 하자.

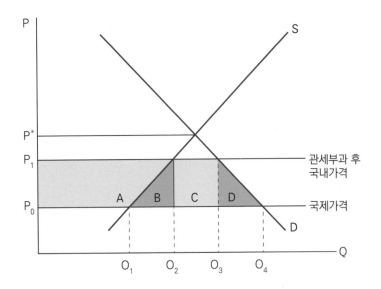

관세부가로 인하여 소비자잉여는 수요곡선상에서 가격이 증가한 만큼($P_1 - P_0$) 감소한다. 반면에 생산자잉여는 수입가격 상승으로 사각형 A만큼 증가한다. 국내의 생산자 입장에서 볼 때 관세부과로 인하여 수입 상품의 가격이 상승할 경우 국내 생산품의 가격도 동일하게 상승하기 때문이다. 그리고 관세부과로 인하여 국가로 귀속되는 재정수입은 사각형 C에 해당한다. 관세부과가 사회 전체적인 후생에 미치는 효과를 정리하면 다음과 같다.

	사회후생의 증가(감소)
소비자잉여의 감소	-(A+B+C+D)
생산자잉여의 증가	A
재정수입의 증가	C
총 잉여의 감소	-(B+D)

관세부과는 생산자에게는 가격인상으로 인하여 이익이 되고, 국가에 재정수입이 증가하는 효과를 가져오지만 소비자잉여의 감소로 인하여 전체적으로 사회후생이 B와 D만큼 감소한다.

개방경제 하에서 관세부과는 어떤 경우라도 전체적인 후생을 감소시킨다. 따라서 자유무역을 방해하는 관세부과는 국제사회에서 그 정당성을 찾기 어렵다. 그러한 문제로 국제사회는 자유무역을 위한 국제기구를 설치하고 있다.

GATT(General Agreement on Tariffs and Trade)는 자유무역의 확대를 통한 세계경제의 발전을 도모하기 위하여 맺어진 관세 및 무역에 관한 일반협정으로 1947년 미국의 주도하에 성립되었다. GATT는 무역환경이 변할 때마다 다자간 무역협상을 통해 무역규범을 설정하여 무역장벽 철폐에 기여하였다. 그러나 GATT는 국제무역에 관한 일반협정에 불과하여 국제기구로서의 성격이 미약하였고, 협정 위반국가에 대한 제재조치도 거의 불가능하였다. 이와 같은 문제점을 해결하기 위하여 1995년에 탄생한 새로운 무역기구가 WTO(World Trade Organization)이다.

WTO의 기본원칙은 회원국 간에는 물론이고, 수입품과 국내 생산품 간에도 차별이 이루어져서는 안된다는 최혜국우대원칙과 내국민우대원칙이다. 최혜국우대원칙은 특정 회원국에게 부여되는 최상의 혜택이 다른 모든 회원국에게도 동등하게 부여되어야 한다는 것이고, 내국민우대원칙은 수입품은 국내에서 생산된 재화와 동등하게 취급되어야 한다는 것이다. WTO는 협의체에 불과한 GATT와는 달리 법인격을 갖는 국제기구로서 위반국에 대한 강제적 집행권한을 갖는다. 국제무역에서 지나친 관세부과 등으로 양 국가 간에 마찰이 발생할 경우 WTO에 제소하게 된다. WTO는 분쟁조정기구를 설치하여 이러한 마찰을 해결하고 있는데 소가 제기될 경우 2심제까지 진행한다. 국제적 마찰로 해결을 위한 WTO제소는 상당한 비용과 시간이 소요되므로 신중한 접근이 필요하다.

5. 게임이론과 정책협조

　게임이론을 통해 국제정책협조의 이익과 고려할 사항 등에 대해서 검토해 보자. 두 나라가 정책적으로 서로 협조할 경우와 그렇지 않을 경우의 결과를 죄수의 딜레마(prisoner's dilemma)를 이용해 분석해 보고자 한다.

　여기 자국과 외국 두 나라가 있다. 각 나라가 사용할 수 있는 정책수단은 관세부과와 관세철폐 두 가지가 있으며, 정책의 결과 양국이 얻을 수 있는 보수표는 다음과 같다.

		외국	
		관세철폐	관세부과
자국	관세철폐	(10, 10)	(−20, 20)
	관세부과	(20, −20)	(−10, −10)

　보수표에서 (−)부호는 보수가 감소하는 것을 의미하며, (+)부호는 보수가 증가함을 의미한다. 여기서 보수라 함은 관

세철폐 또는 관세부과로 영향을 받는 각국의 후생으로 이해하면 된다. 보수표의 앞의 숫자는 자국의 보수이고, 뒤의 숫자는 외국의 보수이다. 각국은 보수표에서 보여주고 있는 게임의 결과 각자가 받게 될 보수를 잘 알고 있고, 자국의 이익을 위해서 이기적인 의사결정을 한다고 가정하자.

자국은 외국이 관세철폐와 관세부과 중에서 어떤 의사결정을 하든 상관없이 최선의 전략은 관세부과 정책이다. 같은 논리로 외국의 최적 전략도 관세부과이다. 그러므로 균형점은 <관세부과, 관세부과>가 되고, 이 때 양국의 보수는 (−10, −10)이다. 이 선택은 균형점이지만 파레토 최적은 아니다. <관세철폐, 관세철폐>의 보수가 (10, 10)으로 가장 높아 파레토 최적이다. 각국이 상호 협조하지 않고 정책을 수행할 경우 각국이 취한 최선의 정책이 전체적으로는 바람직하지 못한 결과를 안겨줄 수 있다는 것을 보여준다.

죄수의 딜레마 모형을 통해 합리성에 입각해 자산의 전략을 선택하더라도 파레토 최적을 달성하지 못한다는 것을 알 수 있다. 이런 결과가 나온 이유는 자국과 외국이 서로 의견 교환을 하지 않았기 때문이다. 각국이 상대 국가는 배려하지 않고, 오로지 자국의 이익만을 위해서 의사결정을 할 경우 양국에 가장 유리한 결과를 달성할 수 없는 것이다. 국제금융시장에서 모두에게 이익이 되는 공통된 정책을 결정하기 위해서 상호 의사소통이 우선적으로 필요하다. 그리고 이러한 의사소통 과정을 통해서 합의된 정책은 반드시 약속을 지키고 이행해야 파레토 최적에 해당하는 목표점에 도달할 수 있다.

개방경제 하에서 국제교역이 확대될수록 국가 간의 경쟁이 치열하므로 관세부과를 통하여 자국 산업을 보호하고자 하는 시도는 증가할 수 밖에 없다. 그러나 지금까지 살펴본 바와 같이 타국을 무시한 보호무역은 일시적으로 자국에 이익을 가져다 주는 것으로 보이지만 장기적으로는 자국의 손해 가능성이 높다는 것을 유념해야 한다. 자유무역정신에 입각한 국제교역은 선진국과 후진국 모두에게 상호 이익을 가져다 준다.

세계 각국은 지리적, 경제적, 정치적, 문화적 측면에서 각기 다른 상황에 처해 있고, 하루가 다르게 상황이 변하고 있다. 국제금융시장에서 각국의 이익을 극대화하기 위해서 각기 다른 정책으로 서로 경쟁을 해야 하는 상황이다. 눈 앞에 보이는 것만 가지고 판단할 때에는 이익을 되는 것처럼 보이지만 다른 시각에서 보면 상호 협조가 이루어지지 않으면 더 큰 이익을 놓칠 수 있다는 것을 항시 유념해야 할 것이다. 더 나아가 전염병, 기후 변화 등 인류 공동의 과제에 대해서는 정책협조를 통하여 해법을 구해야 한다.

국제수지

국제금융론에서 환율과 더불어 가장 중요하게 다뤄지는 과제가 국제수지이다. 무역활동의 결과로 산출되는 국제수지의 균형은 개방경제의 궁극적 목표이고, 외환시장에서 환율의 작용은 국제수지가 균형을 찾아가는 과정으로 이해하면 된다. 이 장에서는 국제수지의 작성 과정에 대해서 정확히 이해하고, 고정환율제도와 변동환율제도 하에서의 국제수지가 균형을 어떻게 찾아가는지에 대해 알아보도록 한다.

1. 국제수지의 개념

국제금융론에서 국제수지를 포함한 다양한 보고서를 이해하기 위해서는 저량(stock)과 유량(flow)의 개념에 대해서 먼저 이해되어야 한다. 댐에서 물의 양을 측정하는 경우를 상상해 보자. 오전 8시에 댐에 물이 100톤이 있었는데 낮에 비가 와서 물이 50톤 증가하여 오후 8시에 댐의 물이 150톤이 되었다. 이 때 오전 8시부터 오후 8시까지 댐의 물이 증가한 양이 50톤이며 이것이 유량의 개념이다. 즉, 유량이란 일정기간 동안의 변동량을 측정하는 것이다. 오후 8시에 물의 양은 150톤이며 이것이 저량의 개념이다. 저량은 일정기간이 아닌 특정 시점의 값을 측정하는 것이다. 기업의 1년 동안의 영업활동에 대한 경영성과를 작성하는 손익계산서와 현금흐름표는 유량의 개념이고, 연말의 재무상태에 대한 자산·부채의 현황을 표시하는 재무상태표는 저량의 개념으로 작성된 것이다.

복식부기와 발생주의 개념에 대해서도 이해가 선행되어야 한다. 복식부기란 차변과 대변을 동시에 기록하는 것을 의미한다. 예를 들어 우리나라 기업이 미국에 반도체를 수출하고, 대금을 1개월 뒤에 받기로 하였다면 차변에 무역채권을 기록하고 대변에 수출을 기록하는 것이다. 그리고 국제수지는 현금주의가 아닌 발생주의가 원칙이므로 상기 예에서 수출이 발생한 시점 (채권을 회수하지 않았더라도)에 기록해야 한다.

국제수지는 유량의 개념으로 일정기간 동안 한 나라의 거주자와 비거주자 사이에 발생한 경제적 거래를 측정한 값이다. 기업이 일정기간 동안 경영성과를 작성하기 위해서 재무제표를 작성한다. 국가도 마찬가지로 일정기간 동안의 대외거래 현황을 정리한 것이 국제수지인 것이다.

국제수지에서 말하는 거래는 경제활동의 이해관계가 국민 경제 내에 있는 거주자와 영역 밖에 있는 비거주자 사이에 발생하는 것을 의미한다. 여기서 거주자와 비거주자의 개념은 거주지의 문제가 아니라 주된 영업활동이 어디에서 이루어지는가에 기초하여 판단한다. 외국 여권의 소지자라고 할지라도 국내에서 주된 영업활동을 하거나 6개월 이상 국내에 체류하는 경우 거주자로 취급한다. 반면에 단기간 우리나라에 여행을 온 외국인, 국내거주 외국 정부기관의 관리나 군인 등은 비거주자로 분류된다. 우리나라 국적을 가지고 있는 해외교민은 물론 해외에서 영업활동을 주로 수행하고 있는 우리나라 국민은 비거주자로 취급된다. 개인이 아닌 기업의 경우에는 주된 영업활동을 수행하고 있는 영토에 따라 거주지가 정해지므로 국내에서 활동을 하는 외국법인은 우리나라의 국제수지를 작성할 때 거주자로 취급한다.

2. 국제수지의 구성

　　국제수지는 경상수지, 자본수지, 금융계정, 오차 및 누락으로 구성된다. 국제수지는 복식부기의 원리에 따라 거래가 발생하면 차변과 대변이 항상 동시에 기록이 되기 때문에 차변과 대변의 합이 항상 일치해야 한다. 그러나 자료집계의 과정에서 차변과 대변의 차이가 발생하게 되는데 이를 조정한 것이 오차와 누락이다. 모든 자료가 정확하게 입력되어 누락없이 집계된다면 이론적으로 오차와 누락은 항상 '0'이 되어야 한다. 그러나 여러 기관에서 자료를 작성하여 취합하는 과정에서 오차와 누락은 발생하기 마련이다. 국제수지통계를 작성하고 있는 대부분의 나라에서 오차와 누락이 발생하고 있는 것이 현실이다. 전산이 고도로 발달한 최첨단 시대에서 오차와 누락은 국제수지의 정확성에 대한 의문을 야기할 수 있으므로 기록과 집계 프로세스를 개선하여 오차와 누락을 '0'의 수준까지 개선하여야 할 것이다.

🎯 경상수지

① 상품수지: 재화의 수출은 상품수지의 증가로 재화의 수입은 상품수지의 감소로 기록한다. 수출과 수입은 발생주의 회계원칙에 따라 기록하며 재화의 통관 여부와 상관없이 소유권이 이전되는 시점에 상품수지로 기록한다.

② 서비스수지: 거주자가 해외에 용역을 제공하고 대가를 받는 경우에는 서비스수지의 증가로 기록되고, 외국에 서비스의 대가로 지급하는 경우에는 서비스수지의 감소로 기록된다. 용역에 해당하는 서비스에는 여행, 운송, 통신, 금융서비스 등이 포함된다. 예를 들어 거주자가 해외여행을 하고, 여행경비를 해외에서 지출하는 경우에는 서비스수지의 지급으로 기록된다. 우리나라 회사가 외국의 컨설팅회사로부터 경영자문 서비스를 받고, 보수를 지급하는 경우에도 서비스수지의 지급으로 처리된다.

③ 본원소득수지: 본원소득수지는 급료 및 임금수지와 투자소득수지로 구성된다. 급료 및 임금은 거주자가 단기로 외국에 머물며 일한 대가로 받은 돈과 국내에 단기간 고용된 비거주자에게 지급하는 돈이다. 투자소득수지는 우리나라가 외국에 투자한 결과 벌어들이는 돈과 외국인이 우리나라에 투자한 결과 벌어가는 돈이 기록된다. 우리나라가 외국에

투자한 자본의 배당금이나 이자소득은 자금유입이 된다. 반면에 외국인이 국내에 투자한 후 얻게 된 배당금이나 이자소득을 자국으로 반출하는 경우에는 자금유출이 된다.

④ 이전소득수지: 거주자와 비거주자 사이의 아무 대가 없이 주고받는 거래로 개인송금이나 기부금, 국가 간 원조 등이 이에 해당한다.

⊙ 자본수지

자본수지는 자본이전 및 비생산과 비금융자산의 취득과 처분을 포함한다. 자본이전은 고정자산의 취득과 처분, 채권자와 채무자 간의 채무변제 등이 포함된다. 비생산과 비금융자산의 취득과 처분에는 영업권, 상표권 등 무형자산의 취득과 처분이 포함된다.

🎯 금융계정

금융계정은 직접투자, 증권투자, 파생금융상품, 기타투자 및 준비자산으로 구성되며 거주자의 입장에서 자산 또는 부채 여부를 판단하여 자산·부채의 증감기준으로 표시한다.

경상수지와 자본수지는 총액을 기록하는 데 반해 금융계정은 순액으로 기록된다. 예를 들어 외국인증권투자 항목에는 투자액에서 회수액을 차감한 순액을 기록한다. 투자원금의 변동은 금융계정에 기록되지만 투자로 인한 배당금 및 이자는 앞서 살펴본 경상수지의 본원소득수지 – 투자소득수지에 기록된다.

① 직접투자: 기업의 경영에 참여할 목적으로(10% 이상) 행하는 거주자와 비거주자의 대외투자를 기록한다. 해외로의 직접투자는 자산의 증가로, 반대로 외국의 비거주자가 국내 기업경영에 참여하기 위한 직접투자는 부채의 증가로 기록된다.

② 증권투자: 단순히 투자수익을 얻을 목적으로 외국의 주식이나 채권에 투자하는 경우 증권투자에 계상된다. 예를 들어 우리나라 기업이 해외에서 채권을 발행하여 자금을 조달한다면 부채의 증가이다. 반대로 거주자가 해외 채권을 매입하는 경우 자산 증가로 기록된다.

③ 파생금융상품: 파생금융상품 거래로 실현된 손익 및 옵션 프리미엄의 지급과 수취가 파생금융상품 자산·부채로 계상된다.

④ 기타투자: 직접투자와 증권투자 및 파생금융상품에 포함되지 않는 외국과의 모든 금융거래를 기록한다. 여기에는 정부나 금융기관의 대출 및 차입, 상품을 외상으로 수출하거나 수입할 때 발생하는 무역신용, 현금 및 예금 등의 금융거래가 기록된다.

⑤ 준비자산: 준비자산은 국제수지 작성기간 동안의 중앙은행 외환보유액의 변동분 중 거래요인에 의한 것을 나타낸다. 즉, 중앙은행이 원화를 내주고 외환을 매입하거나 그 반대의 거래를 기록하는 것이다. 보유외환에 대한 이자수익은 본원소득수입으로 기록된다.

3. 국제수지 작성 사례

실제 거래에 대한 기록을 통하여 국제수지표를 직접 작성해 보자. 다음은 1년 동안 한 국가의 국제수지 거래에 대한 내용이다.

1. 국내 상장회사인 ㈜중앙은 반도체 100달러를 현금으로 미국에 수출하였다.
2. ㈜중앙은 반도체 50달러를 1년 후 받는 조건으로 중국에 수출하였다.
3. ㈜중앙은 원유 70달러를 현금으로 수입하였다.
4. ㈜중앙은 철광석 6달러를 6개월 후에 대금을 지급하는 조건으로 외상으로 수입하였다.
5. 국내 해운회사에 수출화물의 운임대가로 외국으로부터 20달러를 받았다.
6. 거주자가 해외을 여행하면서 경비로 15달러를 소비하였다.
7. 거주자가 외채에 대한 이자로 외국에 12달러를 지급하였다.
8. ㈜중앙은 종업원에게 25달러의 급여를 지급하였다(거주자: 20달러, 비거주자: 5달러).
9. 비거주자가 국내기업의 주식 10%를 40달러에 취득하였다.

　　국제수지는 복식부기의 원칙에 따라 발생주의로 기록하므로 다음의 순서에 따라 작성하면 된다.

① 국제수지 대상 거래의 파악: 국제수지 기록의 대상이 되는 거래는 거주자와 비거주자 사이의 거래이다. 따라서 거주자와 거주자 사이의 일상적인 거래는 국제수지표에 기록되지 않는다.

② 국제수지 항목의 정의: 거래에 대한 이해를 바탕으로 국제수지의 네 가지 항목 중에서 어느 항목인지 먼저 결정한 후 세부적으로 어느 항목에 해당하는지를 결정하여야 한다.

③ 차변과 대변항목의 결정과 분개: 국제수지 항목이 결정되었다면 상대 계정이 무엇인지 결정하여야 한다. 복식부기의 원리에 따라 모든 거래는 차변과 대변이 기록되어야 하기 때문이다.

④ 국제수지표의 작성: 차변과 대변을 기록하였다면 국제수지표에 분개한 바에 따라 입력하면 된다. 국제수지표는 유량의 개념이므로 해당 기간에 대한 거래의 내용만 집계되어야 한다.

상기의 거래 내용에 대한 분개와 국제수지표는 다음과 같다.

	차변		대변	
1.	현금	100	상품수지	100
2.	무역신용	50	상품수지	50
3.	상품수지	70	현금	70
4.	상품수지	6	무역신용	6
5.	현금	20	서비스수지	20
6.	서비스수지	15	현금	15
7.	본원소득수지	12	현금	12
8.	본원소득수지	5	현금	5
9.	현금	40	직접투자	40
10.	현금	25	증권투자	25
11.	증권투자	7	현금	7
12.	자본수지	10	현금	10
13.	현금	4	자본수지	4
14.	준비자산	6	본원소득수지	6
15.	현금	2	이전소득수지	2

		거래	차변	거래	대변	순액
경상수지	상품수지	*3*	70	*1*	100	74
		4	6	*2*	50	
	서비스수지	*6*	15	*5*	20	5
	본원소득수지	*7*	12	*14*	6	−11
		8	5			
	이전수지			*15*	2	2
	소계					70
자본수지		*12*	10	**13**	4	−6
금융계정	직접투자			*9*	40	40
	증권투자			*10*	25	25
	기타투자	*1*	100	*3*	70	−123
		2	50	*4*	6	
		5	20	*6*	15	
		9	40	*7*	12	
		10	25	*8*	5	
		13	4	*12*	10	
		15	2			
	준비자산	*14*	6			−6
	소계					−64
합계						0

경상수지는 일정기간 동안 무역활동의 성과가 기록되는 것으로 재화와 용역의 수출입을 나타내는 가장 중요한 지표이다. 자본수지와 금융계정은 무역활동의 결과로 창출된 자산과 부채로 이해하면 된다.

국제수지는 복식부기의 원리에 따라 작성되기 때문에 오차와 누락이 없다면 차변과 대변의 값이 일치해야 하므로 국제수지 순액의 합은 항상 '0'이다. 즉, 국제수지는 항상 균형이므로 경상수지나 자본수지가 적자나 흑자라는 것은 맞는 표현이나 국제수지가 적자이거나 흑자가 될 수는 없다.

경상수지의 흑자가 클수록 좋은 것은 아니다. 경상수지 흑자가 많이 발생하면 대외채권국이 되어 대외신인도가 높아지는 것은 사실이다. 그러나 국내의 통화량을 증가시키므로 인플레이션의 압박이 높아진다. 또한 외국으로부터의 수입개방압력을 받는 부담도 생긴다.

4. 경상수지 불균형의 조정

　최초에 균형환율은 ₩1,150/$1이다. 수입이 증가하여 달러
에 대한 수요가 증가하면 달러수요곡선이 우측으로 이동한다.

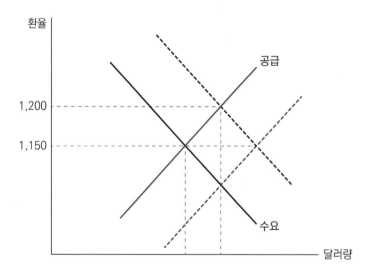

　이 경우 일시적으로 환율이 ₩1,200/$1로 상승할 수 있다.
그러나 중앙은행은 환율방어를 위해 보유외환을 방출하여 달러
공급곡선을 밖으로 이동시켜 최초 환율 수준으로 복귀하게 된

다. 이는 고정환율제도 하에서의 환율조정 과정을 보여주는 것이다. 고정환율제도 하에서는 경상수지의 불균형이 발생할 경우 중앙은행이 외환보유액 수준을 조절함으로써 환율을 통제하는 것이다. 반면에 변동환율제도 하에서는 경상수지의 불균형은 외환시장의 자율조정기능에 의해서 균형으로 회복된다.

외환보유액은 중앙은행이 경상수지나 자본수지, 금융계정의 불균형을 보전하거나 혹은 외환시장 개입을 위하여 보유하고 있는 대외지급준비자산을 말한다. 한 나라의 경상수지가 적자일 경우 외국으로부터 부족한 자금을 조달할 수도 있지만 중앙은행의 외환보유액으로 보충할 수 있다. 이 경우 중앙은행 외환보유액의 사용은 국제수지표상에서 준비자산의 감소로 기록된다. 외환보유액은 그 국가의 대외지급능력을 나타내는 지표로 인식되어 국가의 국제 신인도를 평가하는 지표 중의 하나이다. 외환보유액의 수준은 통화량 수준과 직결되어 있으므로 적절한 수준에서 관리하는 것이 필요하다.

우리나라는 1997년 동아시아 금융위기 때 외환보유액의 부족으로 IMF로부터 자금을 지원받는 위기를 경험하였다. 그 이후 지속적인 경제성장으로 외환보유고를 증감시키고, 외국과의 통화스왑 계약 체결 확대로 일시적인 외환시장의 충격에 대비할 수 있는 충분한 외환보유액을 확보하게 되었다.

국제통화체제

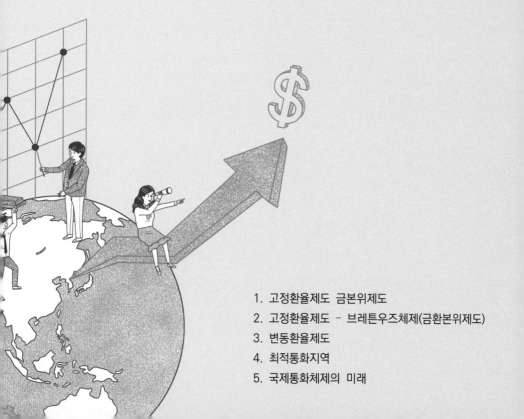

환율을 결정하고 운영하는 메커니즘은 각 나라마다 다르다. 각국 간의 환율이 정해진 수준으로 고정되어 운영되는 것을 고정환율제도라고 한다. 반면에 각국 간의 환율이 시장의 수요와 공급에 따라 변동하도록 허용되는 제도를 변동환율제도라고 한다. 이 장에서는 고정환율제도와 변동환율제도의 역사적 변천과정을 알아보고, 양 제도 하에서의 환율 결정 원리에 대해서 알아보도록 한다.

1. 고정환율제도 금본위제도

    고정환율제도의 대표적인 것은 금본위제도이다. 산업혁명이 시작된 영국에서 1879년 최초로 금본위제도가 시행되었다. 영국 중앙은행이 지폐를 발행한 만큼 금을 보유하고 있으면서 지폐를 중앙은행으로 가져오면 금으로 바꿔주는 제도를 실시하였다. 그 당시 영국은 세계 무역의 절반 이상을 차지하였기 때문에 파운드화만이 금과의 교환이 가능하였고, 다른 통화는 금을 대신할 자격이 없었다. 금본위제도의 3대원칙은 다음과 같다.

① 금과 자국통화의 교환 비율을 설정하고, 유지하여야 한다.

② 은행은 화폐를 금으로의 교환을 요구할 경우에 즉시 응해야 한다.

③ 통화공급량을 금의 보유량에 연결시켜 운영해야 한다.

금본위제도 하에서 양 국가의 환율은 양국의 금의 공정가격비율에 따라서 결정된다. 예를 들어 영국에서 금의 공정가격이 1온스당 20파운드이고, 미국에서 1온스당 40달러라고 가정하자. 양국의 금의 공정가격비율은 1파운드＝2달러이고, 이 비율을 기초로 양국 통화의 교환비율인 환율이 결정된다.

금본위제도 하에서 통화량은 금의 보유와 연결되어 있어 무한정 통화를 발행할 수 없으므로 인플레이션 위험이 낮다. 또한 환율이 고정되어 있고, 외환시장의 안정은 물론 불확실성이 줄어 국제무역과 자본이동이 안정적이다. 이러한 장점에도 불구하고 금본위제도는 제1차 세계대전의 종전과 함께 위기를 맞게 되었다. 전쟁 비용을 마련하기 위하여 금의 보관 없이 각국이 돈을 너무 많이 발행하여 화폐와 금의 교환에 대한 신뢰도가 떨어졌기 때문이다. 결국 영국은 1914년에 금본위제도 포기를 선언하였고, 1931년에 완전히 사라졌다.

2. 고정환율제도 – 브레튼우즈체제(금환본위제도)

1931년 금본위제도가 사라진 이후에 국제금융시장은 혼란
스러운 상황이 계속되었다. 제2차대전이 끝나가던 1944년 새로
운 국제통화질서의 확립을 위해 미국 브레튼우즈(Bretton Woods)
에서 44개국의 대표들이 모인 가운데 국제통화기금인 IMF
(International Monetary Fund)가 창설되었고, 이와 함께 출발한
새로운 국제통화제도를 브레튼우즈체제라고 한다.

브레튼우즈체제 하에서의 국제통화제도는 미국의 달러화를
기축통화로 하는 금환본위제도였다. 미국의 달러화만이 금과의
일정 교환비율을 유지하고, 다른 나라의 통화는 미국 달러화와
의 기준환율을 정하여 교환하였다.

고정환율제도로서 이 제도가 제대로 기능을 하기 위해서는
미국 달러화와 금의 교환비율이 고정되어야 하고, 다른 통화들
의 경우에도 기준환율의 조정이 최대한 억제되어야 한다.

IMF가 기준환율을 억제하는 역할을 하였다. 어떤 회원국의

국제수지가 일시적인 불균형이 생길 경우에는 IMF가 회원국이 출자한 자금을 일시적으로 대여함으로써 불균형을 해소하였다. 그러나 장기적이고 구조적인 국제수지의 불균형이 발생하여 일시적인 자금 대여로 치유가 어려운 경우에는 환율의 변동이 허용되었다. 브레튼우즈체제는 완전한 고정환율제도가 아닌 조정 가능한 고정환율 제도였다. 브레튼우즈체제는 환율을 안정시킴으로써 세계무역 증진에 기여하였으나 다음과 같은 문제점이 있었다.

① 각국의 경제성장속도와 인플레이션율이 다른 상황에서 IMF가 각 나라의 환율을 통제하는 데에는 한계가 있었다. 특히 1970년대 초 1차 오일쇼크 이후에 일부 국가에서는 극심한 인플레이션이 발생하였는데, 이런 상황에서 고정환율제도를 유지한다는 것은 쉬운 일이 아니었다.

② 국제 유동성 확보에 어려움이 있었다. 브레튼우즈체제 하에서 국제 유동성 공급은 금의 생산량을 증가시키거나 미국이 달러를 발행하는 것이었다. 금의 생산량을 증가시키는 데에는 한계가 있었고, 미국이 금의 보유량과는 무관하게 달러화의 발행을 증가시키는 것은 달러화의 신뢰도를 떨어뜨리는 부작용을 가져왔다. 국제 유동성 증대와 달러의 신뢰도 확보는 동시에 달성되기 어려운 과제였는데 이를 트리핀의 딜레마(Triffin's dilemma)라고 한다.

미국은 1960년대 베트남전을 치르면서 전쟁물자 동원을 위해 달러화의 발행을 증가시켰고, 이로 인해 달러화의 신뢰도가 크게 떨어졌다. 결국 많은 국가들이 앞다퉈 미국에 달러화를 금으로 전환해 줄 것을 요구하는 상황으로 치닫게 되었다. 이러한 통화위기를 해결하기 위하여 IMF는 특별인출권(Special Drawing Rights; DSR)을 발행하는 등 여러 조치를 취하였으나, 1971년에 미국은 금태환 중지를 선언하였으며 브레튼우즈체제는 1973년에 종식되었다.

3. 변동환율제도

　　브레튼우즈체제가 붕괴된 1970년대 중반 이후 대부분의 국가들이 변동환율제도를 채택하고 있다. 변동환율제도는 환율을 시장 상황에 따라 자유롭게 변동하도록 허용하는 제도이다. 변동환율제도 하에서 환율은 외환의 수요와 공급에 의해 시장에서 결정된다. 변동환율제도 하에서 달러의 수요와 공급에 따라서 환율이 어떻게 결정되는지 살펴보자.

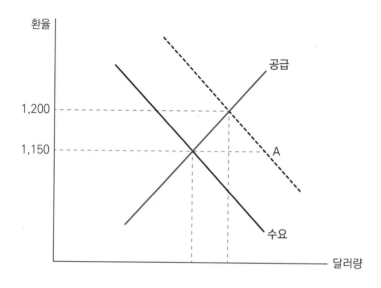

최초에 균형환율은 ₩1,150/$1이다. 수입이 증가하여 달러에 대한 수요가 증가한다면 달러수요곡선은 우측으로 이동한다. 일시적으로는 달러의 초과수요가 A지점까지 발생한다. 달러의 초과수요는 환율을 상승시켜 달러의 공급을 증가시키므로 새로운 균형점이 ₩1,200/$1에서 형성된다. 장기적인 측면에서는 환율의 인상은 달러의 공급을 증가시키므로 공급곡선도 오른쪽으로 이동한다. 결과적으로 장기 균형점은 ₩1,150/$1에서 형성이 되어 환율은 원점으로 돌아가고, 달러의 수요량과 공급량만 증가시키는 결과가 된다. 변동환율제도 하에서는 경상수지 적자가 발생하면 환율이 변동함으로써 조정되는 것을 알 수 있다.

변동환율제도를 운영하지만 시장의 자율에 완전히 맡기지

않고, 중앙은행이 필요한 경우 외환시장에 개입함으로써 환율의 급격한 변동을 조정하는 것이 일반적이다. 우리나라는 해방 이후 고정환율제도를 채택하였으나 1964년에 변동환율제도로 변경하였다. 그러나 형식만 변동환율 제도였을 뿐 실제로는 달러에 고정된 채 운영되었다. 그 이후 환율의 상하변동폭을 제한하는 등 제한적 변동환율제도를 시행하다가 1997년에 완전한 변동환율제도로 변경되었다.

고정환율제도와 비교할 때 변동환율제도는 다음과 같은 측면에서 효과적이라고 할 수 있다.

① 변동환율제도 하에서는 중앙은행의 통화정책을 자유롭게 수행할 수 있다. 고정환율제도 하에서 한 나라가 통화량을 증가시키면 물가상승이 일어나 수출감소, 수입증가로 무역수지는 적자가 된다. 이 경우 시장에서 환율이 조정되지 않기 때문에 준비자산을 시장에 공급함으로써 환율을 조정한다. 준비자산의 방출은 국내 통화량의 감소를 초래하므로 결국 최초에 시도했던 통화량 증가정책은 그 효과를 상실하게 된다. 변동환율제도 하에서는 통화량 증가로 인하여 무역수지 적자가 발생할 경우 외환시장에서 외화의 수요가 증가하고, 환율이 상승하여 수출이 증가함으로써 무역수지 적자가 해소된다. 변동환율제도 하에서 중앙은행이 통화량증가로 인해 무역수지 적자 해결에 대한 고민 없이 통화정책을 자유

롭게 수행할 수 있다.

② 변동환율제도는 수입 인플레이션을 막아준다. 예를 들어 미국에서 인플레이션이 일어났다고 가정하자. 고정환율제도 하에서는 환율은 불변이므로 달러로 표시된 미국의 수입상품 가격이 상승하면 원화로 환산된 원화표시 수입가격도 상승한다. 미국으로부터 원자재를 수입하여 우리나라 제품을 제조할 경우 미국 원자재 수입의 상승은 우리나라 제품 가격을 상승시키므로 미국의 인플레이션은 우리나라 인플레이션으로 전가되는 결과를 가져오는데 이를 수입 인플레이션이라고 한다.

변동환율제도 하에서는 미국 제품의 가격이 오른다면 우리나라의 수출이 증가할 것이므로 무역수지 흑자가 발생한다. 무역수지 흑자는 환율을 하락하여 원화로 표시된 미국 제품의 가격이 원래 가격과 큰 차이가 없게 된다. 따라서 변동환율제도는 환율의 변동으로 수입 인플레이션을 막아주는 효과가 있다.

변동환율제도 하에서 시장의 자율조정 기능이 제대로 작동하여 무역수지 균형과 수입 인플레이션 방어 등의 역할을 제대로 수행하기 위해서는 금융시장이 규모와 기능 면에서 성숙되어 있어야 한다. 그렇지 못한 경우에는 일시적인 충격이나 외부의 투기적인 시도 등에 의하여 외환시장이 폭등, 폭락 등의 과도한 반응을 보이는 경우가 있다. 이런 상황이 발생하면 기업뿐만 아니라 그 국가의 경제 주체 전체에 부정적인 영향을 야기한다. 변동환율제도는 금융시장 역사발전의 산물로서 우리가 선택할 수 있는 제도가 아니라 국제금융시장에서 필연적으로 채택할 수밖에 없는 제도이다. 외환시장 안정은 경제성장에 기본으로 가장 중요한 요소이며, 변동환율제도 하에서 환율 변동의 최소화는 우리가 해결해야 할 과제이다.

4. 최적통화지역

최적통화지역이란 단일통화를 사용하거나 고정된 환율을 적용하기에 가장 이상적인 크기의 지역을 의미한다. 최적통화지역 내에서 고정환율제도를 도입하거나 단일통화를 사용하는 경우 거래비용 감소 등에 따른 편익과 환율정책수단 상실에 따른 비용이 발생하게 되는데 편익이 비용보다 크면 그 지역은 환율을 고정시키거나 통화를 통합하는 것이 바람직하다는 것이다.

최적통화지역 이론은 멘델(R. Mundell)에 의해 처음 제시되었고, 그 후 많은 학자들에 의해서 발전되어 왔다. 고정환율제도의 장점을 살리면서 국제수지 불균형에 따른 문제를 해결할 수 있는 최적통화지역이 성립하기 위해서는 다음과 같은 여러 요건을 갖추어야 한다.

① 만일 특정 지역에 근접한 국가들이 서로 유사한 경제구조를 가지고, 외부의 비대칭적 충격에 대한 반응이 유사하다.

② 지역 내 국가 간의 경제연관성이 크고, 노동과 자본의 이동이 자유롭다.

③ 변동환율제도 하에서 수입 인플레이션 문제 등으로 인하여 물가불안에 대한 압력이 커서 환율안정에 대한 필요성이 크다.
④ 지역 내 국가들의 산업구조가 다변화되어 있어 외부 충격의 분산효과가 있다.

최적통화지역의 적용은 현실적으로 어려운 과제이다. 예를 들어 남북한이 합쳐서 최적통화지역을 구성할 수 있는지에 대해서 고민해 보자. 남북한은 지역적인 요건은 우수하지만, 외부의 비대칭적 충격에 대한 반응은 서로 상이하게 나타낼 것이므로 이에 대한 최적통화지역을 구성하기 위해서는 이에 대한 별도의 조치가 먼저 선행되어야 할 것이다.

최적통화지역을 성공적으로 적용한 것이 유럽통합이다. 유럽국가들은 전통적으로 비슷한 정치·경제·문화 환경을 공유하고 있다. 제2차 세계대전 이후 세계경제의 주도권을 미국과 일본에 넘겨주면서 유럽국가들은 연대의 필요성을 절감하게 되었다. 경제통합으로 인한 규모의 경제를 달성하고, 국제경제의 주도권을 회복하고자 하는 정책을 꾸준히 추진하였다. 1951년에 시작된 유럽의 경제통합 논의는 1999년에 유로(Euro)라는 단일통화체제를 출범함으로써 최적통화지역을 완성하였다.

유로화의 사용은 회원국 간의 자본거래와 무역거래에서 비용을 절감함으로써 거래 규모의 확대를 가져왔다. 회원국 간의 관세가 철폐되었고, 국가 간의 자금 이동 시 화폐교환 비용이 발생하지 않으므로 거래의 효율성이 증대되었기 때문이다. 그러나 회원국 간의 경상수지 불균형이 발생할 경우 이를 시장의 자율조정 기능이 없으므로 고정환율제도의 문제점이 그대로 나타났다. 경상수지가 악화되고, 통화정책마저 자유롭게 수행할 수 없게 되자 어려운 상황에 빠지는 국가들이 나타났다. 2014년에 그리스가 유로존에서 탈퇴하였고, 2020년에는 영국도 유로존에서 탈퇴하였다.

5. 국제통화체제의 미래

　　국제통화제도가 효율적이고 성공적인 제도로 정착하기 위해서는 외환시장의 안정성과 국가 경제 운영에 있어서 유동성 공급을 가능하게 해야 한다. 환율의 불안정은 국제무역과 국제투자를 저해함으로써 세계 경제의 성장에 부정적인 영향을 미친다. 환율의 불안정은 고정환율제도와 변동환율제도에서 모두 일어날 수 있다. 유동성 확보를 위해서 국제수지 조정과 적절한 외환보유액 유지에 필요한 국제통화를 공급할 수 있는 메커니즘이 마련되어야 한다. 브레튼우즈체제에서 유동성문제를 해결하기 위해서 IMF가 SDF를 발행한 것처럼 고정환율제도 하에서 유동성공급 기능 확보는 가장 중요한 과제이다. 변동환율제도 하에서도 유동성공급 기능에 문제가 발생할 수 있다. 국제금융 자본의 비정상적인 수요와 공급으로 인하여 한 국가의 외환시장을 통한 정상적인 유동성 공급기능을 마비시키는 상황이 발생할 경우 금융위기로까지 번지는 것을 이미 여러 차례 봐온 바이다.

자본주의 역사는 화폐의 역사이다. 산업혁명 이후에는 영국의 파운드화를 중심으로 금본위제도가 시행되었다. 제1차 세계대전을 치르면서 영국의 파운드화에 대한 국제적 신뢰도가 떨어져서 금본위제도가 폐지되고, 미국의 달러를 기축통화로 하는 브레튼우즈체제가 시작되었다. 미국은 제2차 세계대전과 월남전을 겪으면서 달러의 발행을 늘렸고, 미국 달러 역시 대외 신뢰도가 추락하여 브레튼우즈체제도 막을 내렸다. 그 이후 대부분의 국가들은 변동환율제도를 채택하고 있고, 지역 간의 통합을 통하여 고정환율제도의 장점을 모색하였다. 최적통화지역 이론에 따라 출범한 유로존은 그리스와 영국의 이탈로 인하여 위기를 맞았다.

　　화폐의 역사적 흐름에 기초하여 판단할 때, IT기술의 발달에 힘입어 국가의 개념을 초월하는 가상화폐와 같은 것은 기존의 화폐를 대체할 수 없다. 아무리 화폐로서의 기능이 기존의 화폐보다 뛰어나다 하더라도 화폐를 통한 세계경제의 패권을 노리는 국가들이 이를 용인할 리가 없기 때문이다. 국가가 존재하는 한 화폐의 역사는 계속될 것이다.

　　세계경제의 패권을 장악하는 국가는 자국 통화의 글로벌 가용성을 확대시키기 위하여 노력할 것이다. 브레튼우즈체제가 붕괴된 이후 미국의 달러는 기축 통화로서의 기능을 상실하였으나 여전히 미국의 달러화는 국제통화로서 한 축을 차지하고 있다. 중국 경제의 성장으로 중국 위안화의 교환율이 높아져서 달러화에 버금가는 국제통화로의 발전은 미국의 달러 패권에 중대한 위협이 되고 있다. 유로존에 이어 최적통화지역으로의 시도는 계속되고 있다. 동아시아지역은 1997년 외환위기 이후에 환율안정에 대해 상당한 관심을 기울이고 있고, 이들 지역을 하나로 묶어서 고정환율제도를 시행하자는 주장도 있다. 앞으로 세계통화체제는 미국 달러화, 중국 위안화, 유로화의 패권 경쟁이 가속화될 것이다. 우리나라는 원화의 통화가치를 적절한 수준에서 유지하면서 외환시장의 안정성과 유동성공급 기능을 항시 확보해야 하는 과제를 안고 있다.

화폐는 단순한 물물교환을 위한 매개체로서의 수단을 넘어서는 의미를 갖고 있다. 국제금융시장에서의 화폐는 패권을 장악하기 위한 수단으로서 역사적 발전을 거듭해 왔고, 지금도 현재진행형이다. 국가를 대표하지 않는 단순한 결제수단으로서의 화폐는 성장에 한계가 있을 것이다. 예를 들어 가상화폐의 경우 결제수단으로서 기존의 화폐보다는 더 안전하고 효율적인 기능을 가지고 있다고 하더라도 특정 국가를 대표하지 않는다는 점에서 기존의 화폐를 대체하기 어렵다.

환율

외국과의 거래가 없고 자국의 경제주체들 간의 거래만 있는 것을 폐쇄경제라고 하고, 외국과의 교역을 포함하여 경제주체가 확장된 것을 개방경제라고 한다. 폐쇄경제에서 국민생산, 통화량 등을 운용하는 가장 중요한 지표는 이자율이다. 개방경제에서 국제수지 균형을 통한 국가의 성장에 이자율과 더불어 중요한 영향을 미치는 변수가 환율이다. 이 장에서는 환율의 기본 개념과 외환시장에 대해서 살펴보기로 한다.

1. 환율

환율은 서로 다른 통화의 교환비율이다. 각 나라마다 사용하는 통화가 다르기 때문에 국제교역을 하기 위해서는 교환비율이 필요하다. 자본시장에서 교환비율은 각 자산의 가치를 평가한 후 그 가치에 따라 교환 비율을 결정한다. 그러나 환율은 이런 시각에서 접근할 수 없다. 환율에는 그 나라의 화폐제도의 역사가 담겨 있고, 더불어 현재의 국가경제 상황이 반영되어 있다. 또한 환율은 한 국가의 재정정책과 통화정책을 집행하는 중요한 지표이기도 하다.

국가	통화	표기
Australia	Dollar	AUD
Canada	Dollar	CAD
China	Yuan	CNY
India	Rupee	INR
Japan	Yen	JPN
Korea	Won	KRW

국가	통화	표기
Russia	Ruble	RUB
Singapore	Dollar	SGD
Switzerland	Franc	CHF
Thailand	Baht	THB
United Kingdom	Pound	GBP
US	Dollar	USD
EURO	Euro	EUR

◎ 환율표시법

환율은 자국을 중심으로 표기할지, 타국을 중심으로 표기할지에 따라 표기와 명칭이 달라진다. 자국의 통화를 기준으로 표시하는 것을 자국통화표시법이라고 한다. 우리나라의 환율을 $1 = ₩1,200으로 표시하는 것이 자국통화표시법이다. 반면에 자국통화 한 단위에 외국통화 얼마를 교환할 수 있을지에 대해서 표시한 것이 외국통화표시법이다. 상기 자국통화표시법의 환율을 외국통화표시법의 환율로 전화하면 $₩1 = \$\dfrac{1}{1,200}$ 가 되는 것이다. 전세계 대부분의 국가들은 자국통화표시법에 따라 환율을 표기하고 있다. 이 책에서 환율에 대한 설명은 모두 자국통화표시법에 따라 표기한 것으로 가정한다.

🎯 환율인상과 평가절하

　환율이 ₩1,200/$1에서 ₩1,300/$1으로 변경된 경우 '환율이 인상되었다'라고 한다. 이는 자국통화로 표시된 달러의 가치가 상승되었다는 뜻이고, 우리나라 원화의 가치는 하락했다는 뜻이다. 즉, 환율인상은 (원화의)평가절하를 의미한다. 환율이 ₩1,200/$1일 경우 $1를 환전하기 위해서 ₩1,200을 지불하면 되나, 환율이 ₩1,300/$1으로 상승한 경우에는 ₩1,300을 지불해야 하므로 달러의 가치가 올라간 것이고, 원화의 가치가 떨어진 것이다.

🎯 교차환율과 재정환율

외환시장에서 원화와 미국 달러와의 환율을 기준환율(basic rate)이라고 부른다. 제3국 통화와 미국 달러와의 환율은 교차환율(cross rate)이라고 한다. 즉, 교차환율은 자국통화가 개입되지 않은 외국통화 간의 환율을 의미한다. 이 경우 원화와 제3국 통화 간의 환율은 원화와 미국 달러 간의 기준환율과 미국 달러와 제3국 통화 간의 교차환율을 이용해 계산하면 되는데 이를 재정환율(arbitrated rate)이라고 한다.

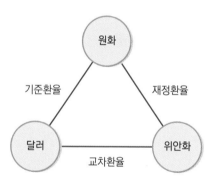

기준환율이 KRW1,200/USD이고, 교차환율이 CNY7/USD 인 경우 재정환율을 구할 수 있다. 기준환율을 재정환율로 나누면 KRW171/CNY로 산출된다. 반면에 재정환율을 기준환율로 나누면 CNY0.0058/KRW가 되는 것이다. 환율을 계산하거나 표기할 때 분자와 분모에 어느 나라의 통화가 오는지에 따라서 값이 달라짐을 유의해야 한다.

🎯 현물환율과 선물환율

금융거래는 거래가 성립된 날짜와 그 거래가 실제 이행되는 결제일이 다른 경우가 많다. 주식의 경우에도 매매거래가 이루어진 날에 매매자금이 이체되는 것이 아니라 몇 일 이후에 결제가 이루어진다. 외화거래의 경우 거래일과 결제일 간의 차이에 따라 현물환거래와 선물환거래로 나누어진다. 거래일로부터 2거래일까지 결제가 이루어지는 경우 현물환거래라고 하고, 그 이후에 결제가 이루어지면 선물환거래라고 한다. 우리가 환율이라고 부를 경우 현물환거래에서 이용되는 현물환율을 얘기하며 선물환거래에서 이용되는 환율은 선물환율이라고 부른다.

🎯 매입환율과 매도환율

매입률과 매도율은 은행의 입장에서 정의한다. 은행이 외환을 고객으로부터 매입할 때 적용하는 환율을 매입환율이라고 하고, 반대로 은행이 고객에게 외환을 매도할 때 적용하는 환율을 매도환율이라고 한다. 매입환율과 매도환율 간의 차이를 스프레드(spread)라고 부른다.

고객이 은행창구에서 현찰로 외환을 매입하거나 매도할 때 적용하는 환율을 현찰매도율 또는 현찰매입률라고 한다. 우리가 신용카드를 사용하여 외화로 결제할 때 적용되는 환율을 전신환매도율 또는 전신환 매입률이라고 한다. 모든 경우에 고객의 입장이 아니라 은행의 입장에서 매도와 매입으로 명칭을 붙인다는 것을 유념해야 한다. 예를 들어 미국 달러화의 매매기준율이 ₩1,130/$1인 경우 각각의 매도율과 매입률은 다음과 같은 순서로 배치될 것이다.

현찰 매도율	₩1,150
전산환 매도율	₩1,140
매매 기준율	₩1,130
전신환 매입률	₩1,120
현찰 매입률	₩1,110

2. 외환시장

　　외환시장은 자국의 통화와 외화가 거래되는 시장이다. 외환시장은 외환의 거래가 이루어지는 특정의 장소나 공간뿐만 아니라 전산 온라인시스템을 통하여 거래되는 포괄적인 거래 메커니즘을 포함한다. 외환시장은 다른 국가 통화로 표시되는 지불수단이 상호 매매되는 시장이므로 신용이 거래되는 다른 금융시장과는 차이가 있다. 전통적인 외환시장에서는 국제무역에 필요한 화폐의 상호교환 목적으로 시작되었으나 현재의 외환시장은 주식이나 채권과 같이 하나의 투자 대상으로 발전하였다. 외환시장의 특징은 다음과 같다.

① 외환시장은 글로벌시장이다. 주식시장은 각 나라의 주식이 거래되는 시장이 별도로 존재하지만 외환시장은 전 세계의 시장을 하나의 외환시장으로 보아야 한다. 이러한 특성 때문에 외환시장이 열리는 시간대가 정해져 있는 것이 아니라 24시간 동안 항상 열려 있다.

② 외환시장거래의 대부분은 장외거래의 형태를 갖는다. 주식의 경우에는 증권시장이라는 제도화된 공개시장에서 거래되는 것이 일반적이다. 그러나 외환은 공개된 거래장소가 있는 것이 아니라 매수자와 매도자 간에 전화나 컴퓨터를 통하여 거래가 이루어지는 경우가 많다.

③ 제로섬 게임의 시장이다. 주식시장의 경우 지수가 계속적으로 상승한다면 시장 참여자의 대부분이 이익을 볼 수 있다. 그러나 환율이 지속적으로 상승하는 경우는 없다. 환율은 시시각각 등락을 거듭할 수밖에 없고, 누군가 이익을 봤다면 누군가는 반드시 손실을 볼 수밖에 없는 구조이다.

④ 외환시장은 소매거래보다는 도매거래 위주로 거래가 이루어지는 시장이다. 외환거래는 은행과 고객 간에 소액단위로 거래가 이루어지는 경우도 있지만, 은행 간 거래가 외환거래의 대부분을 차지한다.

외환시장의 참여자는 고객, 외국환은행, 외환브로커, 중앙은행으로 구성된다. 고객은 수출이나 수입을 하기 위하여 외환을 팔거나 사는 경제주체를 의미한다. 이러한 고객이 외환을 매입하거나 매도할 때 거래 상대는 외국환은행이다. 외국환은행은 외환시장에서 시장 조성자로서 가장 중요한 역할을 담당한다고 볼 수 있다. 제로섬 게임의 외환시장에서 외환거래는 정보와의 전쟁이다. 치열한 국제금융시장에서 최상의 가격조건을 찾기 위하여 외국환은행은 외환브로커를 통하여 외국환 매매와 관련한 정보를 취득한다. 외환브로커는 국제금융시장의 움직임을 실시간으로 파악할 수 있는 시스템을 갖추고 24시간 모니터링하여 외국환은행의 매매거래에 필요한 정보를 즉시 제공하는 기능을 수행한다. 외환당국인 중앙은행도 외환시장에 참여한다. 중앙은행은 환율의 변동을 일정한 범위 내로 한정시키기 위하여 외환시장에 개입하는 경우가 많다. 국제적 자본이동이 활발해지면서 외환시장의 안정화 측면에서 중앙은행의 외환시장개입에 대한 필요성은 증대되고 있다. 그러나 이는 환율이 외환시장의 수요와 공급에 의하여 결정되어야 한다는 변동환율제도의 정신에 위배되는 측면이 있어 중앙은행의 외환시장 개입은 논란의 대상이 되기도 한다.

3. 외환거래의 종류

외환시장에서 국제무역을 위해 외화를 교환할 목적으로 외환시장에 참여하는 경우의 비중이 높지 않다. 대부분의 외환거래는 차익거래, 헷지거래, 투기거래이다. 이러한 세 가지의 거래는 모든 금융시장에서 발생하는 거래이다.

🎯 차익거래

차익거래는 재정거래(arbitrage transaction)라고도 하는데, 동일한 자산이 시장에서 다른 가격으로 거래될 때 추가적인 위험부담 없이 싼 가격에 사서 비싼 가격으로 팔아서 차익을 얻는 거래를 의미한다. 차익거래는 모든 금융시장에서 발생할 수 있다. 금융시장이 완전효율적이라면 금융자산가격 결정에 필요한 모든 정보가 즉시 반영되어 현재의 가격이 결정되기 때문에 동일한 금융자산의 가격이 서로 다르게 책정될 수는 없다. 그러나 실제 금융시장은 완전한 효율시장이 아니기 때문에 정보의 불균형으로 인하여 일시적인 가격차이가 존재할 수밖에 없고, 재정거래의 기회는 항상 존재한다.

외환시장은 정형화된 공개시장이 아니라 장외거래시장이 성격이 강하다. 따라서 동일 외환에 대해서 가격이 서로 다르게 거래되는 경우가 많을 수밖에 없는 구조적 특성을 가지고 있다. 예를 들어 우리나라 외환시장에서 거래되는 엔화의 환율이 미국의 외환시장에서 거래되는 엔화의 환율보다 일시적으로 높다고 하자. 가격이 싼 미국의 외환시장에서 엔화를 매입하여 우리나라 외환시장에 즉시 매각함으로써 추가적인 위험부담 없이 이익을 취할 수 있다.

🎯 헷지거래

헷지거래(hedge transaction)는 미래의 환율변화에 따른 환위험을 회피하기 위한 거래를 의미한다. 현재시점에 외화를 가지고 있는 사람은 환율이 내릴 위험이 있고, 반대로 현재 외화를 보유하고 있지는 않으나 미래에 외화를 매입하고자 하는 사람은 환율이 오를 위험에 직면한다.

예를 들어 한국에서 반도체를 생산하고 있는 ㈜중앙이 미국에 반도체를 수출하고, 3개월 후에 거래대금 백만불을 받기로 하였다고 가정하자. ㈜중앙은 3개월 이후에 매출채권을 회수하였을 때 환율이 하락한다면 원화로 환산된 회수액의 값이 줄어들게 되므로 환율하락에 대한 위험에 처하게 된다. 이 경우 ㈜중앙은 환율하락에 대한 환위험을 회피하기 위해서 3개월 이후에 정해진 환율로 외화 1백만불을 매각할 수 있는 계약을 외국환은행과 체결하면 된다. 이러한 외환거래를 헷지거래라고 한다.

🎯 투기거래

투기거래(speculative transaction)는 재정거래나 헷지거래와는 달리 투자자가 위험을 감수하고 이익을 추구하는 거래형태를 의미한다. 다른 금융시장과 마찬가지로 외환시장에도 미래의 환율변화에 대한 예측이 서로 다르므로 투기거래가 발생한다. 제로섬 게임인 외환시장은 투기거래로 이익을 볼 수도 있으나 그렇지 않을 경우에는 반드시 손실을 보게 되므로 항상 위험부담을 가진다. 투기거래는 외국환은행이 주로 참여하나 일부 개인이나 기업들이 참여하는 경우도 있다. 투기(speculation)는 본질적으로 투자(investment)와 다르다. 개인이 제한적인 정보를 가지고 투기 목적으로 외환시장에 참여하는 경우 위험에 대한 주의가 필요하다.

4. 환율의 결정

　환율은 기본적으로 외환시장에서 수요와 공급에 따라 결정된다. 만약 일시적인 수요와 공급의 불일치로 인하여 균형가격을 벗어날 경우 차익거래, 헷지거래, 투기거래가 발생할 것이고, 이러한 거래참여자는 시장의 일시적 불균형을 균형으로 회귀시키는 중요한 역할을 담당한다.

　외환시장은 범세계적인 시장이자 장외거래 시장의 성격이 강하다. 따라서 환율의 결정에 영향을 미치는 세계 각국의 정보가 가격을 적시에 정확하게 반영되기에는 시차가 존재할 수밖에 없고, 일시적인 가격의 불균형이 존재할 가능성은 항상 존재한다.

　각국의 환율은 그 나라의 다양한 거시적인 경제요인과 미시적인 경제요인에 영향을 받는다. 또한 세계 금융시장에 공통적으로 영향을 미치는 체계적 위험요소에 의해서도 영향을 받는다.

환율결정이론

금본위제도에서 출발한 고정환율제도는 제2차 세계대전 이후 1973년 브레튼우즈체제가 붕괴될 때까지 지속되었다. 브레튼우즈체제에서는 미국의 달러가 금과 대등한 지위를 갖는 금·달러 본위제도였다. 달러는 기축통화(key currency)로서의 기능을 부여 받아 금 1온스당 35달러로 정해졌고, 다른 나라의 통화는 미국달러와 연동된 고정환율제도였다. 그러나 2차 세계대전을 겪으면서 미국의 무분별한 달러 발행으로 기축통화로서의 달러 신임도가 떨어지게 되고 결국 브레튼우즈체제 붕괴와 함께 변동환율제도가 시행되었다.

변동환율제도 하에서는 달러의 수요와 공급에 따라 환율이 수시로 변하기 때문에 환율의 수요와 공급을 결정하는 요인이 무엇인지에 대해서 연구하는 환율결정이론에 대한 관심이 높아지게 되었다.

환율이란 외환시장에서 외환에 대한 수요와 공급을 일치시켜 주는 외환의 가격이므로, 환율결정의 기본원리는 미시경제이론에서의 가격결정원리와 동일하다. 그런데 외환에 대한 수요와 공급이 어떤 변수에 의해 영향을 받으며, 그러한 변수들 간에 어떤 관계가 있는지에 대한 설명이 각자 다르기 때문에 다양한 환율결정이론이 제시되고 있는 것이다.

우리가 환율결정이론에 관심을 갖는 이유는 미래 환율예측에 활용하기 위해서다. 그렇기에 환율결정이론이 현실에 부합하여야 하며, 미래의 환율이 그 이론에 따라 움직여야 한다. 그러나 현재까지 개발된 어떠한 환율결정이론도 미래의 환율을 정확히 예측하는 모델은 없다. 이 장에서는 다양한 환율결정이론 중 몇 가지 이론에 대해서 개념적 특징을 살펴보고자 한다.

1. 국제수지접근법(케인즈이론)

환율결정이론은 크게 거시적 접근법과 미시적 접근법으로 분류할 때 국제수지접근법은 환율을 거시적인 경제관점에서 접근하는 이론이다. 국제수지접근법에 따르면 환율은 유량변수인 국제수지가 균형이 되는 지점에 결정이 된다. 국제수지가 흑자인 경우에는 외환의 초과공급을, 그리고 국제수지가 적자인 경우에는 외환의 초과수요를 유발하여 균형점을 찾아 간다. 케인즈 이론에 근거한 국제수지접근법은 경상수지만을 고려하여 균형점을 설명하고 있다.

국제수지는 자본수지보다는 경상수지에 의해 주로 영향을 받으며 균형환율은 다음과 같이 경상수지가 균형되는 수준에서 결정된다.

$$X - IM = 0$$

여기서 수출 X는 외환의 공급요인으로 작용하며, 수입 IM

은 외환의 수요요인으로 작용한다. 만일 수출이 증가하여 경상수지가 흑자로 전환되면 외환시장에 외환의 초과공급이 발생하게 되고, 이로 인해 환율이 하락하게 된다. 반대로 수입이 증가하면 경상수지가 흑자로 전환되면 외환의 초과수요가 발생하여 환율이 상승하게 된다. 이러한 환율상승 또는 환율하락으로 인하여 경상수지의 불균형이 해소하게 된다.

어떤 변화가 외환공급 요인인 수출과 외환수요 요인인 수입에 영향을 미쳐 경상수지 흑자(외환의 초과공급) 또는 적자(외환의 초과수요)를 유발하게 되는지 살펴보자. 일반적으로 경상수지는 상대가격, 국내 및 외국의 소득 등에 의해 영향을 받는다. 국제수지접근법은 다음가 같이 요약이 된다.

$$S = f(P/P^*, \ Y/Y^*, \ r - r^*)$$

여기서 S는 환율, P는 국내물가수준, Y는 국내실질소득, r은 국내 명목이자율을 나타내며, * 표시는 외국을 의미한다. 케인즈 이론에 근거한 국제수지접근법에서 이러한 요인들이 수출과 수입에 다음과 같은 방식으로 영향을 주게 된다.

① 국내물가수준(P): 국내물가가 증가하면 수출의 가격경쟁력이 열악해져 경상수지가 악화된다. 경상수지가 균형을 유지하기 위해서는 환율이 상승되어야 한다. 환율의 상승은 수

출을 증가시키고, 수입을 감소시켜 국제수지가 균형점을 찾아간다.

② 국내실질소득(Y): 국민소득이 증가하면 수입이 증가하여 경상수지는 적자가 되므로, 경상수지 균형을 유지하기 위해서는 자국통화가치가 절하(환율상승)되어야 한다. 즉, 국민소득이 상승하면 환율은 상승해야 하므로 두 변수는 같은 방향으로 움직인다.

③ 명목이자율(r): 명목이자율이 상승하면 통화가치가 절상되고 환율이 하락한다. 이 식에 명목이자율의 상대적 수준($r - r^*$)이 등장하는 것은 이자율이 무역자금조달 결정에 따른 자본이동에 영향을 주어 환율을 변화시키기 때문이다. 이자율이 높은 나라에서 낮은 나라로 수출이 이루어질 때, 이자율이 높은 나라는 수출대금을 빨리 받기를 원할 것이므로 자금을 빨리 받는 대신에 수출대금을 할인해 주는 거래가 이루어질 것이다. 그렇게 되면 결국 이자율이 낮은 나라에서 높은 나라로 자금이 유입되고, 그 결과 이자율이 높은 나라의 환율이 하락하게 되어 경상수지가 악화된다.

2. 자산시장접근법 (통화론자이론)

자산시장접근법은 1970년대 변동환율제도가 실시된 후 활발히 논의되기 시작하였는데 유량개념인 국제수지접근법과는 달리 저량적 접근법이다. 즉, 환율은 자산시장에서 국내외 자산의 저량개념으로 수요와 공급에 의해 결정된다는 것이다. 자산시장접근법 중 통화론적 접근법의 개념에 대해서 알아보기로 한다.

통화론적 접근법에서는 두 가지 가정이 있다. 첫째, 가격이 완전 신축적이고 재화 및 노동시장은 항상 균형이라는 것이다. 둘째, 경제에는 하나의 재화와 하나의 채권만 존재한다고 가정한다. 가격신축성에 의해 아래의 식과 같이 두 국가 간에 구매력평가가설이 성립한다고 가정한다.

$$P = S \times P^*$$

P: 국내 재화가격, P^*: 해외 재화가격, S: 환율

구매력평가가설에서 사용된 물가 수준이 어떻게 결정되는지를 설명하기 위해서 화폐시장의 균형조건식을 이용한다. 물가는 다음과 같이 화폐의 공급과 수요에 따라서 결정된다.

$$M/P = L(Y, i)$$

M: 화폐의 공급, L(Y, i): 화폐의 수요함수,
Y: 국민소득, i: 이자율

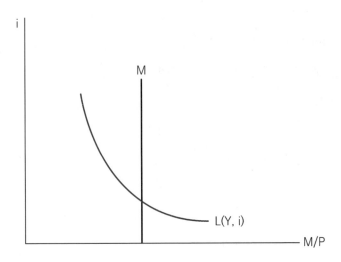

화폐수요는 이자율 감소의 함수이며, 소득의 증가함수이다. 화폐시장의 균형조건을 물가에 대해 정리하면 물가는 화폐수요와 화폐공급의 상대적인 크기에 의해 결정된다는 것을 직관적으로 알 수 있다.

$$P = M/L(Y,i)$$

상기 식이 국내 화폐시장의 균형조건이라면 외국 화폐시장의 균형조건도 동일한 식으로 표현할 수 있을 것이며 *로 표시한다.

구매력평가가설과 화폐시장 균형조건의 두 식을 이용하여 다음과 같은 식이 도출된다.

$$S = (M - M^*) - \Phi(Y - Y^*) + \lambda(i - i^*)$$

이 식을 바탕으로 보면 화폐공급 측면에서 환율은 자국화폐 공급량이 외국화폐 공급량보다 많을 때 비례적으로 상승한다. 화폐수요 측면에서는 국내소득의 증가로 화폐수요가 증가하면 환율은 하락한다. 또한 국내이자율의 상승은 환율을 상승시킨다.

3. 환율 예측

　　국제금융시장에서 환율의 변동 요인에 대해서 파악하고자
하는 환율결정이론은 위에서 소개한 두 가지 이외에도 많은 모
형들이 있다. 그러나 모든 모형들이 실제 국제금융시장에서는
적용이 어려운 가정에 기초하여 설명하고 있기 때문에 현실 금
융시장에서 환율의 변동 요인에 대해서 정확한 설명을 하지 못
하고 있다. 그럼에도 불구하고 환율결정이론을 검토함으로써 환
율이 어떠한 요인들에 영향을 받는지에 대해서 이해할 수 있다
는데 그 의미가 있다고 할 수 있다.

　　환율결정이론과 더불어 국제금융시장에서 환율 예측 또한
중요한 과제이다. 환율결정이론은 미래의 환율을 보다 잘 예측
하기 위해서 환율이 어떤 요인들에 영향을 받아 움직이는지를
검토하는 것이다. 실제 국제금융시장에서 주로 활용되고 있는
환율 예측 방법에 대해서 알아보자.

🎯 기초적 분석

　기초적 분석은 환율변화에 영향을 미칠 수 있는 기초 경제 변수들을 선택하여 이들 변수들과 환율 간의 관계를 체계화한 환율결정모형을 설정하여 미래의 환율변화를 예측하는 방법이다. 이러한 방법을 통해 지금까지 환율결정이론에서 살펴본 국민소득, 화폐공급, 화폐수요, 이자율, 인플레이션 등과 같이 환율에 영향을 주는 요인들을 반영하여 자체적으로 환율결정모형을 만들 수 있을 것이다.

　기초적 분석의 장점은 환율변화에 영향을 미치는 여러 변수들을 적절히 선택하여 이들과 환율과의 관계를 계량모형으로 체계화함으로써 장기적인 환율변화의 방향과 크기를 수리적으로 제시할 수 있다는 것이다. 그러나 기초적 분석은 방대한 자료를 수집하고, 이를 처리하는 과정에서 상당한 시간과 비용이 소요될 뿐만 아니라 예측에 이용된 모형이 적절하지 않을 수도 있고, 또한 변수들이 상당한 오차를 포함할 수 있다는 제약이 있다.

🎯 기술적 분석

기술적 분석이란 경제이론 및 기타 다른 요인들을 전적으로 무시하고, 환율의 과거 형태에 대한 통계적 또는 시계열적 분석을 통하여 일정한 변화패턴을 찾아내고, 그에 따른 향후 환율의 변화를 예측하는 방법을 말한다. 기술적 분석은 추세분석이나 차트분석 등이 있다.

추세분석은 수리적 또는 통계적 방법을 동원하여 환율변동의 반복되는 추세 또는 변동의 방향을 파악하는 방법이다. 통상적으로 컴퓨터에 프로그래밍된 모형을 이용하는데 단기이동평균성, 장기이동평균성 등을 산출하여 미래 환율을 예측한다.

차트분석은 환율변동을 도표로 그린 후 경험적 분석결과를 토대로 표준화된 패턴을 찾아내 그것이 시사하는 바에 따라 환율을 주관적으로 예측하는 것이다. 이 방법은 비수학적인 방법이기는 하지만 환율예측을 위한 도구로써 자주 쓰이고 있다. 이 방법도 역시 컴퓨터에 프로그램밍된 모형을 이용하는데 선형차트, 봉형차트 등을 이용하여 다양한 형태로 분석이 이루어진다.

4. 환율 위험

　다양한 환율결정이론들을 살펴봤지만 미래의 환율을 정확히 예측한다는 것은 현실적으로 불가능한 영역이다. 국제무역 또는 국제금융거래에서 환율의 변동으로 인한 미래 현금흐름의 변동가능성에 대한 리스크는 모든 국제기업들이 필연적으로 당면하는 과제이다. 환율위험을 거래노출(transaction exposure), 환산노출(transaction exposure), 경제적 노출(economic exposure)로 구분하여 검토해 보고자 한다.

🎯 거래노출

거래노출은 매일의 환율변동으로 인하여 발생하게 되는 환율 변동위험을 의미한다. 국제 거래에서 재화나 용역의 매매계약을 체결한 후 환율이 변동하게 됨에 따라 발생하는 위험이다.

예를 들어 미국에서 신발을 국내로 수입해서 국내에 판매하는 경우를 가정하자. 계약시점에 $100로 신발을 수입하기로 약속하고 수입대금을 1개월 뒤에 지불하기로 하며 계약시점의 환율은 ₩1,000/$이다. 국내 기업의 손익은 1개월 뒤 수입대금을 지불할 때 환율이 얼마인지에 따라 손익이 변동하게 된다. 국내시장에서 신발의 판매 가격은 수입대금을 지급하기 전에 결정해야 하는데 계약 시점의 환율 기준으로 판매가격을 결정하였으나 이후에 환율이 인상되어 원화로 지급한 수입 가격이 상승한 경우 손실이 발생할 수도 있다.

이러한 단기적 환율위험은 선물환계약을 통해 헷지할 수 있다. 계약시점에 $100에 대한 선물환 매수계약을 일정한 환율에 체결한다면 이 환율을 기초로 판매가격을 결정할 수 있으므로 환율의 예상치 못한 상승으로 인한 손실 발생을 사전에 방지할 수 있다.

🎯 환산노출

환산노출은 외화로 된 재무제표를 원화로 환산할 때 발생한다. 예를 들어 한국에 소재하는 ㈜중앙이 미국에 자회사인 ㈜변방을 소유하고 있다고 하자. ㈜중앙은 ㈜변방을 포함한 연결재무제표를 작성하여야 한다. ㈜변방의 재무제표는 달러화로 표기가 되어 있기 때문에 ㈜중앙의 재무제표와 합치기 위해서는 우선 달러화를 원화로 환산하는 과정을 거쳐야 한다. 이와 같이 결산시점에 재무제표 환산 과정에서 환율을 얼마로 하는가에 따라서 원화 재무제표의 값이 달라지게 되는데 이러한 회계적 변동이 환산노출이다.

환산노출은 재무제표 전체의 환산뿐만 아니라 재무제표의 개별 항목을 환산하는 경우에도 발생한다. 예를 들어 한국에 소재하는 ㈜중앙이 미국에 반도체를 10월에 수출하고, 수출대금을 3개월 후에 받기로 했다고 하자. 이 경우 ㈜중앙은 12월 말 결산 시 매출대금 잔액을 원화로 환산하여야 하는데 결산시점의 환율이 얼마인지에 따라서 외화환산손익이 달라지게 되고, ㈜중앙의 결산 손익에 영향을 미치게 된다.

🎯 경제적 노출

경제적 노출은 환율변동으로 인하여 기업가치가 변동되는 위험을 말한다. 기업의 가치는 미래현금흐름의 현재가치의 합으로 계산되는데 환율변동으로 인하여 기업의 미래현금흐름의 순현재가치가 변동되는 것을 의미한다.

㈜중앙이 미국에서 원자재를 수입하여 한국에서 반도체를 제조한다고 가정하자. 미래에 환율이 지속적으로 상승한다면 원화로 환산한 원자재의 값은 지속적으로 상승하게 되고 결국 ㈜중앙의 기업가치의 하락으로 연결될 것이다.

외국과 거래하지 않고 국내에서만 영업활동을 하고 있는 기업이라 하더라도 국내에 경쟁 외국기업이 진출해 있는 경우에는 환율변동으로 인한 경제적 노출에 처할 수가 있다. 경쟁기업의 실질 영업변동이 기업 간의 경쟁력 변화를 초래할 수 있기 때문이다. 예를 들어 한국에 진출한 미국의 커피판매회사가 환율하락으로 인하여 한국에서 판매하는 커피의 원가가 절감되어 커피 판매가격을 공격적으로 인하할 경우 국내 커피판매회사는 영업에 심각한 타격을 받는 상황이 발생하는 것이다.

경제적 노출은 거래노출이나 환산노출과는 달리 재무제표상에는 계상되어 있지 않은 환노출이지만 가장 중요하게 관리되어야 할 환리스크이다. 기업의 미래현금흐름이 어떻게 변화하는가가 기업의 가치를 결정하는데 경제적 노출은 기업의 미래 현금흐름에 영향을 주어 기업의 가치에 직접적으로 영향을 주기 때문이다.

🎯 환율위험의 관리

거래노출과 환산노출은 상기에서 설명한 바와 같이 선물환 계약 등 파생금융상품을 이용하여 관리할 수 있다. 수출과 수입이 모두 발생하는 기업이라면 수출대금과 수입대금 금액을 서로 일치시켜(matching) 환산노출을 줄일 수 있다. 본사와 자회사 간에 발생하는 채권과 채무를 결제하지 않고 일정기간 경과 후 상계(netting)하여 차액만 결제함으로써 거래노출을 줄일 수 있다.

경제적 노출을 다양한 방법을 통하여 관리할 수 있다. 우선 경제적 노출은 기업의 미래현금흐름이 환율의 변동에 따라 영향을 받을 수 있으므로 미래현금흐름을 세부적으로 분석하여야 한다.

현금 유입에 주로 영향을 미치는 매출의 구조를 분석하여 환율에 영향을 받는 요인들에 대해서 분석한다. 앞에서 예로 든 커피판매회사의 경우 국내에 진출한 외국 회사 때문에 환율 변화에 따라 회사의 매출에 영향을 줄 수 있으므로 이에 대한 대책을 미리 세워야 한다. 또한 미래현금 유출에 해당하는 환율변동에 영향을 받는 항목을 파악해야 한다. 외국에서 수입하는 원료가 있거나 외국인 근로자가 근무하는 경우라면 환율 변동에 따라 비용이 직접적으로 영향을 받을 것이다. 이러한 항목들이 파악되었다면 환율의 상승과 하락 시나리오를 가정하여 적절한 대책을 미리 강구해야 환율 변동에 대한 위험을 효과적으로 통제할 수 있다.

금융자산의 가격을 산정함에 있어서 미래현금흐름을 추정할 때 환 위험의 경제적 노출에 대해서 우선적으로 고려하여야 한다. 그리고 해당 현금흐름을 현재가치로 할인하여 원화로 환산할 때 환산 노출에 대해서 추가로 고려하여야 한다. 환산 노출에 대한 고려는 환율에 반영할 수도 있고, 할인율에 반영할 수도 있다.

개방경제이론

경제학에서 국내시장의 일반 균형이론을 수출과 수입을 포함하여 해외시장까지 확대한 것이 개방경제이론이다. 이 장에서는 국내시장의 일반 균형이론을 바탕으로 순수출을 포함할 때 개방경제의 균형점을 찾아가는 과정을 살펴본다. 또한, 환율인상이 수출증가를 통해 경상수지 흑자를 발생시키는 과정에 대해서 이론적 배경을 검토해 보도록 한다.

1. 마셜-러너 조건

자국상품에 대한 외국수요가 외국상품에 대한 자국수요보다 클 때 무역수지가 개선된다. 이러한 양국의 상대적 수요와 공급은 양국의 상대가격에 의존하는데 두 나라 간의 상대가격은 환율에 의해 영향을 받는다. 환율의 변동은 상대가격의 변동을 초래하고, 이는 양국의 수요와 공급에 영향을 미치며 무역수지를 변화시킨다. 환율의 변동이 양국의 수요와 공급의 탄력성에 어떤 영향을 미치는지를 분석하는 것을 탄력성접근법(elasticity approach)이라고 한다. 탄력성접근법은 다음과 같은 3가지를 가정한다.

① 완전고용경제를 가정하며, 국민소득은 완전고용 산출량 수준으로 고정되어 있다.

② 수출 및 수입만을 분석하는 부분균형분석이다. 소득, 고용, 생산, 자본거래 등은 불변으로 놓고 무역부분만을 분석대상으로 한다.

③ 화폐 및 자본이동은 무시하고, 오직 무역수지에만 한정한다.

탄력성접근법 하에서 '환율인상이 항상 무역수지를 개선시키는가?'에 대한 답을 제시한 것이 마셜－러너조건(Marshall Lerner condition)이다.

환율인상은 원화로 환산된 수출가격을 상승시키지만 원화 수입가격도 상승시키므로 환율 인상으로 인한 가격 효과만 보면 무역수지에 변동은 없다. 환율인상이 무역수지를 개선시키려면 수출물량의 증가가 수입물량의 증가보다 커야 한다. 또한 환율인상으로 인한 가격탄력성은 국내뿐만 아니라 외국 입장의 가격탄력성에 대해서도 동시에 고려되어야 한다. 환율인상이 무역수지를 개선할 것인가는 다음의 네 가지 가격탄력성에 따라서 결정이 된다.

① 외국에서 수입수요의 가격탄력성: E^*d
② 국내에서 수입수요의 가격탄력성: Ed
③ 국내에서 수출공급의 가격탄력성: Es
④ 외국에서 수출공급의 가격탄력성: E^*s

마셜－러너 조건은 두 가지를 가정하고 있다. 환율인상 당시 무역수지는 균형상태에 가까이 있다는 것과 양국의 공급탄력성 Es와 E^*s는 무한탄력적이라는 것이다.

마셜－러너 조건에 따르면 환율인상이 무역수지를 개선하기 위하여 다음의 식을 만족하여야 한다.

$$E^*d + Ed > 1$$

마셜-러너조건을 예를 들어 설명해 보기로 한다. 환율이 ₩1,000/\$에서 ₩1,200/\$으로 인상된 경우 무역수지에 어떤 영향을 미치는지 수출과 수입 측면으로 나누어 분석해 보자.

환율인상은 수출 측면에서 달러로 표시된 우리나라 제품의 수출가격이 하락한다. ₩1,000짜리 물건이 \$1에 수출되었으나, 환율인상으로 인하여 \$0.8에 수출되기 때문이다. 달러표시 수출가격이 인하되므로 미국에서 우리 상품에 대한 수입 수요는 증가한다. 이 때 환율인상으로 인한 우리 수출품의 가격하락에 대한 외국 수입 수요량의 증가 정도, 즉 E^*d에 따라서 달러화로 표시된 수출액은 다음과 같이 달라진다.

환율인상은 수입측면에서 원화표시 수입가격을 상승시킨다. \$1짜리 물건이 환율인상 전에는 ₩1,000에 수입되었으나, 환율이 인상됨에 따라 ₩1,200에 수입되기 때문이다. 이 때 수입액이 얼마나 감소하느냐는 수입수요의 가격탄력성, 즉 Ed에 따라 결정된다.

외국의 수입수요의 가격탄력성은 자국의 입장에서 보면 수출공급의 가격탄력성이므로 E^*d는 Es로 대체할 수 있다.

마셜-러너 조건에 의하면 환율인상으로 경상수지가 흑자가 되기 위해서는 수입수요의 가격탄력성(Ed)과 수출공급의 가격탄력성(Es)이 1보다 커야 한다.

2. J곡선효과

　　환율인상으로 인하여 수출이 증가하고, 수입이 감소함으로써 경상수지가 흑자를 달성하기 위해서는 마셜－러너의 조건을 만족하여야 한다는 것을 검토하였다. 환율인상으로 경상수지가 흑자로 돌아서는 과정을 장기적 관점에서 연구한 이론이 J곡선효과이다. J곡선효과란 환율인상을 실시하면 일시적으로 경상수지가 악화되었다가 시간이 지남에 따라 개선되는 것을 의미한다.

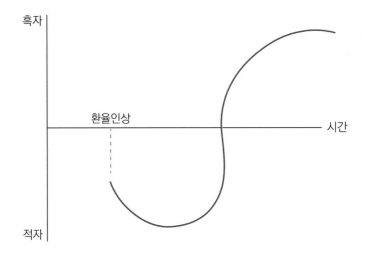

환율인상이 이루어지면 단기적으로 수출가격이 하락하므로 수출액이 감소하여 경상수지가 악화된다. 시간이 지남에 따라 수출가격 하락으로 물량이 점차 증가하여 수출액이 증가하므로 장기적으로는 경상수지가 개선된다.

3. 경상수지와 국내총생산

국내총생산은 소비지출(C), 투자지출(I), 정부지출(G), 그리고 수출(X)에서 수입(M)을 차감한 순 수출(경상수지)의 합으로 구성된다.

$$Y = C + I + G + (X - M)$$

(C + I + G)는 국내외에서 생산된 재화에 대한 총지출이므로, 이를 A라고 하면 다음의 관계식이 성립한다.

$$Y - A = X - M$$

이 식의 좌측은 생산과 지출의 차이를 나타내고, 우측은 경상수지를 나타낸다. 국내총생산이 총 지출액보다 더 크면 경상수지가 흑자가 되고, 국내총생산보다 총 지출액이 더 크면 경상수지가 적자가 됨을 의미한다. 개방경제의 균형모형에서 경상수지의 불균형이 발생할 경우 국내총생산이나 총 지출액을 조절함으로써 균형점을 찾아갈 수 있다는 것을 시사하고 있다. 국내총생산과 총 지출액을 조절하는 것이 재정정책과 통화정책이므로 개방경제의 균형모형은 상기 두 정책이 국제수지의 불균형해소의 어떤 과정을 거치는지를 연구하는 것이다.

　폐쇄경제의 균형모형은 국내총생산과 이자율 사이의 실물시장과 화폐시장의 균형조건을 설명한다. 개방경제의 균형모형은 폐쇄경제의 균형모형에서 수출과 수입이 추가될 때 재정정책과 화폐정책이 국제수지에 어떤 영향을 미치는지를 검토하는 것이다. 폐쇄경제의 균형모형에서 이자율이 불균형을 조절하는 기능을 한다면 개방경제모형에서는 환율이 국제수지의 불균형을 조절하는 기능을 한다.

4. 생산물시장의 균형과 IS곡선

    IS곡선이란 생산물시장의 균형이 이루어지는 이자율과 국민소득의 조합을 나타내는 선이다. 이자율이 하락하면 투자가 증가하므로 유효수요가 증가하여 생산이 늘어나고 균형국민소득이 증가한다. 이자율(r)과 국민소득(Y)의 관계를 나타낸 것이 IS곡선이다. IS곡선은 생산물시장의 균형이 이루어지는 선으로 케인즈 단순모형을 이용하여 균형국민소득을 계산하는 것과 동일한 방법으로 도출하면 다음과 같은 식이 된다.

$$r = (-)\frac{1-c(1-t)+m}{b}Y + \frac{1}{b}(C-cT+G+X-M)$$

    C: 한계소비성향, t: 법인세율, m: 한계수입성향,
    b: 투자의 이자율탄력성, T: 조세수입

상기 IS곡선은 다음과 같은 특성이 있음을 알 수 있다.

① 기울기가 음수이므로 IS곡선은 우하향 곡선이다.

② 정부지출과 조세가 동액만큼 증가하면 IS곡선이 우측으로 이동한다.

③ IS곡선의 기울기는 투자의 이자율탄력성, 한계소비성향, 세율, 한계수입성향에 의하여 결정된다.

5. 화폐시장의 균형과 LM곡선

화폐시장의 균형은 화폐 수요와 공급이 일치하는 점에서 이루어진다. 화폐수요는 국민소득과 이자율의 함수이고, 통화공급(M)은 중앙은행에 의해 외생적으로 주어져 있으므로 화폐시장의 균형조건은 다음과 같이 나타낼 수 있다.

$$M/P = L(Y, r)$$

M: 화폐의 공급, L(Y, r): 화폐의 수요함수,
Y: 국민소득, r: 이자율

LM곡선이란 화폐시장의 균형이 이루어지는 이자율과 국민소득의 조합을 나타내는 선이다. 국민소득이 증가하면 거래적 동기의 화폐수요가 증가하므로 화폐수요곡선이 오른쪽으로 이동한다. 화폐수요곡선이 오른쪽으로 이동하면 이자율이 상승하므로 LM곡선이 우상향의 형태로 도출된다. 화폐수요함수와 공급함수를 이용하여 도출한 LM곡선의 식은 다음과 같다.

$$r = \frac{k}{h}Y - \frac{1}{h} \times \frac{M}{P}$$

k: 화폐수요의 소득탄력성,

h: 화폐수요의 이자율탄력성 (k > 0, h/0)

M: 통화량, P: 물가수준

상기 LM곡선은 다음과 같은 특성이 있음을 알 수 있다.

① LM곡선은 이자율과 국민소득의 관계에서 우상향 곡선이다.

② LM곡선의 기울기는 화폐수요의 소득탄력성과 화폐수요의 이자율탄력성에 의해서 결정된다.

③ 통화량이 증가하면 LM곡선은 오른쪽으로 이동하고, 물가수준이 상승하면 왼쪽으로 이동한다.

생산물시장과 화폐시장의 균형점을 나타내는 IS – LM모형은 다음과 같다.

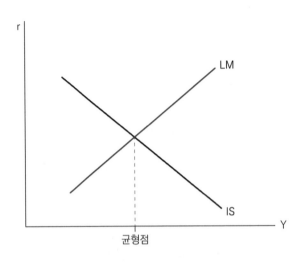

코로나19와 같은 재난 상황에 대응하기 위하여 지원금의 형태로 정부지출이 증가한다고 가정하다. 이 경우 IS곡선이 우측으로 이동하므로 균형국민소득이 증가하고 이자율이 상승한다. 확대적인 재정정책으로 실시할 때 이자율이 상승하는 것은 확대적인 재정정책으로 인하여 국민소득이 증가하면 그에 따라 화폐수요가 증가하기 때문이다. 확대적인 재정정책을 실시하면 이자율이 상승하기 때문에 민간투자가 감소하는 것을 구축효과(crowding effect)라고 한다. 이와 같이 이자율이 상승하면 소비와 생산을 위축시켜 정부지출이 목표로 하는 바를 달성하는데 방해가 되기 때문에 중앙은행이 개입하여 이자율을 일정 수준으로 통제하는 것이다.

확대적인 금융정책을 통하여 중앙은행이 통화량을 증가시키면 LM곡선이 우측으로 이동하므로 이자율이 하락하고, 그에 따라 민간투자가 증가하여 국민소득이 증가한다.

6. 국제수지 균형과 BP곡선

IS－LM모형은 국내시장에 국한된 폐쇄경제 하에서 생산물시장(IS)과 화폐시장(LM)의 균형을 분석하는 모형이다. 여기에 수출과 수입을 고려하여 개방경제로 확장한 모형이 IS－LM－BP모형으로 국내균형과 국제균형을 동시에 분석할 수 있다. 이 모형은 재정과 금융정책이 국제수지와 환율에 어떤 영향을 미치는지에 대한 정보를 제공한다.

BP곡선이란 국제수지가 균형이 되는 이자율과 국민소득의 조합을 나타내는 선이다. 국제수지는 경상수지와 자본수지의 합으로 구성되어 있다. 수출에 영향을 미치는 가장 큰 요인은 환율이고, 수입에 가장 큰 영향을 미치는 요인은 국민소득과 환율이다. 이를 바탕으로 도출된 BP곡선의 균형식은 다음과 같다.

$$BP = X(e) - M(Y, e) + CA(r) = 0$$

X: 수출, M: 수입, CA: 자본수지,
Y: 국민소득, e: 환율, r: 이자율

BP곡선이 의미하는 바는 다음과 같이 요약된다.

① 국민소득이 증가하면 수입이 늘어나므로 국제수지는 적자가 된다.

② 국제수지가 균형으로 회복하기 위해서는 이자율이 상승하여 자본유입이 이루어져야 한다.

③ 국민소득이 증가할 때 이자율이 상승하여야 국제수지 균형이 유지될 수 있으므로 BP곡선은 우상향의 형태이다.

④ BP곡선의 기울기는 자본의 이동성 정도에 의존한다. 자본이동성이 높은 경우는 국민소득의 증가로 수입이 증가할 때 이자율의 소폭 상승으로도 충분한 자본유입이 이루어져 국제수지가 균형으로 복귀하므로 BP곡선은 완만하다. 자본이동이 완전한 경우에는 BP곡선이 수평이다.

BP곡선의 이동 요인은 다음과 같다(자본이동이 일반적인 경우).

① 환율이 상승하거나 외국의 소득수준이 증가하면 순수출이 증가하므로 국제수지가 흑자가 된다. 국제수지가 다시 균형으로 회복되려면 국민소득이 증가하여 수입이 증가해야 하므로 BP곡선이 오른쪽으로 이동한다.

② 해외이자율이 상승하면 자본유출이 이루어져 국제수지가 적자가 된다. 따라서 국제수지가 다시 균형으로 회복되려면 국민소득이 감소하여 수입이 감소해야 하므로 BP곡선이 왼쪽으로 이동한다.

7.   개방경제의 균형이론

IS－LM－BP곡선을 이용하여 개방경제의 균형이론을 설명
한다. 개방경제의 균형이론은 고정환율제도인지 변동환율제도인
지에 따라 자본이동이 완전한지 또는 불완전한지에 따라 달라
진다. 여기에서는 변동환율제도 하에서 자본이동이 완전한 경우
재정정책과 금융정책이 미치는 영향에 대해서 검토해 보고자
한다.

🎯 확대재정정책

정부지출이 증가하는 확대재정정책을 집행하는 경우 IS곡선은 우측으로 이동하고, 이자율을 상승시킨다. 이자율의 상승은 해외의 자본유입을 발생시키고, 외화 공급의 증가로 인하여 환율이 인하된다. 환율의 인하는 순수출을 감소시키고, IS곡선은 다시 원위치로 돌아온다. 결과적으로 확대재정정책으로 인하여 산출량과 이자율은 불변하게 된다.

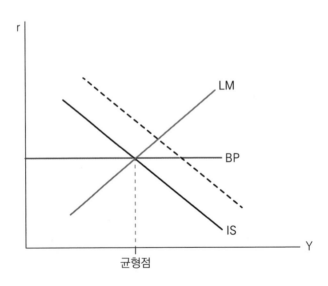

🎯 확대금융정책

중앙은행이 통화공급량을 증가시키는 확대금융정책이 발생한다고 가정하다. 확대금융정책은 LM곡선을 우측으로 이동시키고, 이자율을 하락한다. 이자율 하락은 해외로 자본을 유출시키게 되고 환율은 인상된다. 환율의 인상으로 인하여 순수출이 증가하고, 이로 인하여 IS곡선은 우측으로 이동한다. 결과적으로 확대금융정책으로 산출량은 증가하나 이자율은 불변하게 된다.

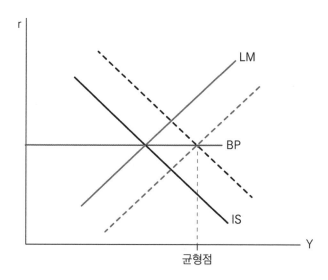

개방경제에서 재정정책과 금융정책을 시행할 때 시장에서 자동조절 기능을 수행하는 것이 이자율과 환율이다. 자본의 이동이 완전히 자유롭다고 가정할 때 재정정책과 금융정책을 시행하더라도 이자율은 다시 원점으로 돌아가는 것을 확인하였다. 그러나 현실의 금융시장은 자본의 이동이 완전히 자유롭지 않기 때문에 이자율을 어떤 수준으로 통제할 것인가가 가장 중요한 정책의 통제변수가 된다.

우리는 코로나19로 인하여 사상 초유의 확대재정정책과 확대금융정책을 경험하였다. 중앙은행은 정책의 효과를 극대화하기 위하여 이자율을 최저수준으로 통제하였다. 금융시장에 공급된 유동성은 불균형적인 분포를 보였고, 유동성의 이동 방향에 따라 특정 분야의 자산가격을 폭등시키는 경향을 보였다. 시장에 과잉 공급된 유동성 축소의 시기와 방법에 대한 신중한 접근이 필요하다.

국제균형이론

국제상품시장과 국제자본시장에서 현물환율과 선물환율에 영향을 미치는 요소들은 수없이 많다. 국제상품시장에서는 양 국가 간의 상품가격과 인플레이션이 환율의 균형에 어떤 영향을 미치는지를 먼저 살펴본다. 국제금융시장에서 양 국가 간의 이자율의 차이가 현물환율의 결정과 선물환율의 결정에 어떤 영향을 미치는지 살펴보고자 한다.

1. 절대적 구매력평가가설

　　국제금융시장에서 환율, 이자율, 물가는 상호 밀접하게 연관되어 있다. 한 변수의 변동은 다른 두 변수에 직간접적으로 영향을 미쳐 상품시장과 자본시장에서 균형점에 도달하도록 상호작용을 한다. 국제상품시장의 균형조건을 설명하는 것이 구매력평가 가설이고, 국제자본시장의 균형조건을 설명하는 것이 이자율평가가설이다.

　　절대적 구매력 평가는 일무일가의 법칙을 가정한다. 즉 국제무역과 관련한 운송비용이 전혀 없고, 관세 등의 무역장벽도 전혀 없는 이론적인 완전경쟁시장을 가정하면 두 나라에서 거래되는 재화의 가격은 두 나라에서 동일하다는 것이다.

　　예를 들어 한국에 김과 미국에 A는 각자 나라의 다른 장소에서 동일한 N신발을 한 켤레 구입한다고 가정하자. 김이 한국에서 지불한 가격은 100,000원이고, A가 미국에서 지불한 가격은 100달러이다. 이 경우 절대적 구매력평가에 따른 환율은 양국의 절대적 물가 비율인 100,000원/100달러인 1,000원/1달러가 된다. 만약 N신발이 한국에서 150,000원에 팔린다면, 미국에서 100달러에 구입하여 한국 시장에 150,000원에 팔아 차익을 생기는 이른바 재정거래가 발생할 것이다. 싸게 구입해서 비싸게 되파는 재정거래는 N신발의 한국가격이 100,000원으로 떨어져서 일물일가의 법칙이 성립될 때까지 계속될 것이다. 절대적 구매력평가를 식으로 표시하면 다음과 같다.

$$P_{KOR} = S \times P_{US}$$

P_{KOR}: Price of a product in Korea
P_{US}: Price of a product in the US
S: Exchange rate

절대적 구매력평가는 양 국가 간의 물가와 환율의 균형관계를 나타내는 것이지만, 이 등식이 물가가 환율을 결정하는 것인지 아니면 환율이 물가를 결정하는 것인지에 대한 상호 인과관계를 설명하는 것은 아니다. 또한 완전경쟁시장에서의 일물일가의 법칙을 가정하기 때문에 현실에서 적용하기에 한계가 있다.

실제 상품시장에서 동일한 상품에 대한 각 나라의 가격을 비교해 보면 일물일가의 법칙이 성립하지 않는다는 것을 알 수 있는데, 그 대표적인 것이 빅맥지수이다. 빅맥지수는 영국의 경제 주간지인 Economist에서 매년 전세계적으로 판매되고 있는

맥도널드 빅맥가격을 비교한 것이다. 빅맥은 전 세계 100여개국 이상에서 판매되고 있으므로 이 상품의 국가별 가격을 상호 비교하는 것이다. 각 나라의 빅맥지수를 계산해 보면 약 1달러에서 약 6달러까지 다양하게 분포되어 있어 절대적 구매력평가론은 성립하지 않는다는 것을 쉽게 알 수 있다. 그럼에도 불구하고 빅맥지수 각 나라의 물가수준 등을 파악할 때 유용한 정보를 제공한다.

2. 상대적 구매력평가가설

상대적 구매력(Relative PPP)평가는 기준연도 절대적 구매력 평가가 성립한다면, 기준연도의 환율 변화는 그 기간 동안 양국의 인플레이션 차이로 설명될 수 있다는 이론이다.

$$[E(S_1) - S_0]/S_0 = I_{KOR} - I_{US}$$

$E(S_1)$: 일정기간 이후의 기대환율
S_0: 현재시점의 현물환율
I_{KOR}: 일정기간 동안의 한국의 인플레이션 변화율
I_{US}: 일정기간 동안의 한국의 인플레이션 변화율

예를 들어 기준연도의 양국의 절대적 구매력평가에 따른 환율이 ₩1,000/\$1이고, 기준연도의 실제환율도 ₩1,000/\$1이라고 하자. 즉 기준연도에는 절대적 구매력평가 가설이 실제 성립한다고 가정한다. 1년 뒤에 한국의 인플레이션은 10% 상승한 반면에 미국의 인플레이션은 6% 상승하였다고 하자. 이 경우 양

국의 상대적 구매력평가론에 따르면 1년뒤 환율은 양국의 인플레이션 상승율의 차이인 4%만큼 상승한 ₩1,040/$1이 된다. 한국의 인플레이션이 미국보다 높다는 것은 한국의 원화의 화폐 구매력이 떨어지고, 통화가치가 상대적으로 낮다는 것을 의미하므로 자국통화표시법으로 표시하는 환율이 인상되는 것이다.

실제 국제상품시장에서 절대적 구매력평가가설과 상대적 구매력평가가설이 그대로 적용될 수는 없다. 그러나 양 국가 간의 환율의 균형점 형성에 양 국가 간의 상품가격과 인플레이션 차이가 중요한 영향을 미친다는 것은 분명한 사실이다.

상대적 구매력평가가설을 이용하여 미래기간의 양 국가의 인플레이션율 예측치가 있으면 미래 일정 시점의 기대환율을 계산할 수 있다. 이후에 다룰 국제인수합병에서 기업가치 평가에 필요한 미래 기대환율을 산출할 때 이 식이 이용된다.

3. 이자율평가가설

구매력평가가설은 상품시장에서 상품의 가격이 환율의 균형점 형성에 어떤 영향을 주는가를 설명하는 이론인 반면에, 이자율평가(interest rate parity)는 상품시장에서의 일물일가의 법칙을 국제금융시장에 확대 적용한 것이라 할 수 있다. 즉, 이자율평가는 국제적으로 자본이동이 자유롭고, 거래비용이 없을 때 양국 간의 자본이동이 균형을 이루도록 하는 환율과 양국금리의 균형관계를 설명한다.

금융시장에서 상품의 가격에 해당하는 것이 이자율이다. 상품은 현재의 시점에서 그 가격을 결정할 수 있지만, 이자율을 결정하기 위해서는 일정 기간이 주어져야 한다. 이러한 금융상품의 가격으로서 이자율의 특성 때문에 이자율평가가설을 설명하기 위해서는 현재의 환율뿐만 아니라 일정 기간 이후 미래의 환율에 대한 가정도 필요하다.

미래의 환율이 일정한 환율로 고정되어 있다고 가정하는 것을 환위험이 회피된 이자율평가(covered interest rate parity)라

고 한다. 반면에 미래의 환율이 변동 가능하다고 보는 가설이
환위험에 노출된 이자율평가(uncovered interest rate parity)라고
한다.

🎯 환위험이 회피된 이자율평가가설

무위험 이자율평가는 국가 간의 자본이동에 따른 제약이 없는 경우에 성립한다. 거래비용이 없고 자본통제가 없으며 국가위험이 없다고 가정하면 표시통화를 제외한 모든 다른 조건이 동일한 두 채권으로부터의 기대수익률은 동일통화로 환산한 경우와 같아지게 된다.

한국의 채권과 미국의 채권에 동일한 금액 ₩1,000,000을 다음의 조건으로 1년간 투자한다고 가정하자.

	한국	미국
무 위험 명목이자율	R_{KOR}	R_{US}
현재의 현물환율	NA	S
1년 뒤의 선물환율	NA	F

한국의 채권에 1,000,000원을 투자한 투자자는 1년 뒤에 $1,000,000(1+R_{KOR})$을 받게 된다.

미국의 채권에 ₩1,000,000을 투자하기 위해서는 우선 달러화로 환전하면 $\$1,000,000/S$가 된다. 이 금액을 미국의 채권시장에 투자하여 1년 뒤에 받는 금액은 $\$1,000,000/S(1+R_{US})$가 되고, 이를 다시 원화로 환산하면 $\$1,000,000/S(1+R_{US})F$가

된다. 이 식을 정리하면 $1,000,000 $(1+R_{US})F/S$이다.

여기서 F는 선물환율이다. 투자시점에 1년 뒤의 현물환율을 알 수 없기 때문에 선물환율을 체결함으로써 환위험을 회피한다. 이와 같이 선물환시장을 통해 환 위험이 회피되었기 때문에 "환위험이 회피된 이자율평가"라 한다.

환위험이 회피된 상태에서 한국채권과 미국채권에 대한 투자 중에서 어느 것이 유리한가를 판단하기 위해서는 양 국가의 이자율 차이를 비교하면 된다. 만일 한국채권의 수익률이 미국채권의 수익률보다 높다면 미국채권에 투자하지 않고, 한국채권에만 투자할 것이다. 이러한 재정거래는 양 국가의 이자율이 다음과 같은 균형상태에 이를 때까지 계속될 것이다.

$$W1,000,000(1+R_{KOR}) = \$1,000,000(1+R_{US})F/S$$

이것이 바로 환 위험이 회피된 이자율 평가의 균형식이다. 이 식을 이용하여 선물환율을 산출할 수 있다고 생각할 수 있다. 양 국가의 이자율과 현물환율에 대한 정보가 있고, 이것들을 이 식에 대입하면 선물환율을 구할 수 있다고 이해할 수 있다. 그러나 이 식은 일종의 완전경쟁의 국제금융시장에서의 균형 조건을 의미할 뿐 현실의 선물환율을 결정하는 식은 아니다.

🎯 환위험이 노출된 이자율평가가설

환위험이 노출된 이자율 평가에서는 선물계약을 통해 미래 환율에 대한 불확실성을 제거하지 않고, 투자자의 환율예상에 의존하기 때문에 환위험이 회피된 이자율 평가와는 달리 미래 기대수익률에 위험이 수반되는 것이다. 환위험이 노출된 이자율 평가가설은 상기 환위험이 회피된 이자율 평가가설에 선물환율(F) 대신에 일정기간 이후의 기대환율($E(S_1)$)로 대체한 식이다.

환위험이 노출된 이자율 평가의 균형식은 환위험이 회피된 이자율 평가의 균형식에서 선물환율(F)을 미래 환율의 예상치($E(S_1)$)로 대체한 식이다.

이자율평가가설은 완전자본시장 하에서 양 국가 간의 이자율 차이와 환율의 균형을 설명해 준다. 특히, 양 국가 간의 이자율 차이가 미래 환율의 균형점 형성에 어떤 영향을 주는지를 보여주는 가설이다.

🎯 국제 피셔효과

피셔효과에 의하면 인플레이션율은 명목이자율에 미치는 영향이 존재한다. 국가 간 자본이동의 제약이 없는 상황에서 양국의 실질이자율은 동일하다면, 양국 인플레이션율의 차이는 양국의 명목이자율 차이와 동일하다. 즉, 피셔효과에 의하면 다음의 식이 성립한다.

$$\frac{1+R_{KOR}}{1+R_{US}} = \frac{1+I_{KOR}}{1=I_{US}}$$

이 식을 풀어 쓰면 다음과 같은 근사식으로 나타낼 수 있다.

$$R_{KOR} - R_{US} = I_{KOR} - I_{US}$$

구매력평가가설과 피셔효과가 동시에 성립하면 국제피셔효과(international fisher relationship)가 성립한다. 즉, 현물환율은 양국의 명목이자율의 차이에 비례하여 변동하므로 현행환율(S_0)과 양국의 명목이자율을 알면 미래의 기대환율($E(S_1)$)을 산출할 수 있다.

$$E(S_1) = (S_0) \times \frac{1 + R_{KOR}}{1 + R_{US}}$$

따라서, 국제피셔효과는 환위험이 노출된 이자율평가가설과 동일한 결과가 도출된다.

🎯 실제 사례

실제 사례에서 상기 각 이론을 적용하여 환율을 계산해 보자. 현재환율이 ₩960/$이고, 한국의 기대 인플레이션율은 연 4%, 미국의 기대 인플레이션율은 연 6%인 경우 3개월 후 예상 현물환율을 구매력평가가설을 이용하면 다음과 같이 산출된다.

$$E(S_1) = \frac{₩960}{\$1} \times \frac{1+4\% \times 3/12}{1+6\% \times 3/12} = ₩955.27/\$$$

또한, 이 경우 국가 간 자본이동의 제약이 없는 경우 한국과 미국의 명목이자율의 차이를 계산할 수 있다. 피셔효과에 의하면 양국의 인플레이션의 차이가 2%이므로 명목이자율의 차이도 2%가 된다. 즉, 한국의 명목이자율이 미국의 명목이자율보다 2% 낮다.

$$R_{KOR} - R_{US} = (4\% - 6\%) \times 3/12 = -2\%$$

현재환율이 ₩960/$이고, 한국의 명목이자율은 연 9%, 미국의 명목이자율은 연 6%인 경우 만기가 6개월인 선물환율을 이자율평가가설에 따라 다음과 같이 계산할 수 있다.

$$F = ₩960/\$ \times \frac{1+9\% \times 6/12}{1+6\% \times 6/12} = ₩973.98/\$$$

또한, 이 경우 4개월 후 예상 현물환율은 국제피셔효과를 이용하여 다음과 같이 계산된다.

$$E(S_1) = ₩960/\$ \times \frac{1+9\% \times 4/12}{1+6\% \times 4/12} = ₩969.6/\$$$

4. 국제균형이론의 상호 관계

국제균형이론은 양 국가의 이자율, 인플레이션의 차이를 이용하여 현물환율과 선물환율을 추정하고자 하는 이론이다. 구매력평가이론, 이자율평가이론, 국제피셔효과의 상호관계를 정리하면 다음과 같다.

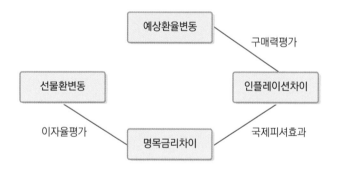

국제금융투자에서 미래의 현금흐름에 대한 의사결정을 할 때, 투자안 자체의 현금흐름을 예측한 후 원화로 환산하는 과정이 필요하다. 원화 환산을 위해서는 미래 현금흐름이 발생하는 각 기간의 환율을 알아야 한다. 국제균형이론을 활용하면 미래

의 이자율이나 인플레이션 예측과 관련된 정보를 입수하여 미
래 환율을 예측할 수 있다.

국제인수합병 I

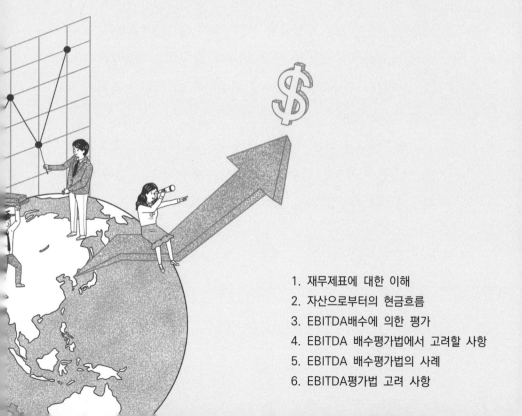

국제자본시장에서 기업의 인수와 합병은 많은 기업들이 성장과 구조조정 등을 위해 사용하는 전략적 대안이다. 외국에 소재하는 기업을 인수하는 경우 제도와 규정이 각 나라마다 다르기 때문에 국내 회사를 인수하는 경우와 형식적 측면에서 다른 부분이 있을 수 있다. 그러나 인수하고자 하는 산업을 우선 선정하고, 그 산업에서 매력적인 기업을 발굴하여 적절한 가치로 평가하여 인수한 후 시너지 효과를 창출하는 기본적인 절차는 국제적 인수·합병이라고 하더라도 국내 회사를 인수·합병하는 경우와 다를 바가 없다.

기업의 인수·합병이 성공하기 위해서는 우선 좋은 회사를 발굴하여야 한다. 영업실적이 우수한 업계의 선두기업이면 좋겠지만 이런 경우는 인수 희망가격이 높아서 접근이 어려운 경우가 많다. 관심 있는 산업에서 선두기업이 아니라 하더라도 인수 후에 효과적인 구조조정 등을 통하여 성장시킬 가능성이 있다고 판단되는 회사라면 과감하게 인수하여 그 가치를 높이는 시도를 할 수 있다.

인수하고자 하는 회사가 정해지면 그 다음으로 중요한 것이 적절한 가격으로 인수가격을 협상하여야 한다. 기업의 인수·합병에 필요한 기본적인 정보를 알아보고자 한다.

1. 재무제표에 대한 이해

    재무제표를 이해하기 위해서 우선 저량(stock)과 유량(flow)의 개념을 알아야 한다. 저량은 일정 시점에서 양을 측정한 것이고, 유량은 일정 기간 동안의 변동량을 측정한 것이다. 예를 들어 댐에 물의 양이 얼마인지 2021년 12월 31일 시점에 측정하는 것이 저량 개념이고, 그 댐에 물이 2021년 1월 1일부터 2021년 12월 31일까지 1년 동안 얼마나 들어오고 나갔는지를 측정하는 것이 유량개념이다. 재무상태표는 저량으로 측정한 것이고, 손익계산서는 유량으로 측정한 것이다.

🎯 재무상태표와 순운전자본

재무상태표는 일정한 시점에 기업이 무엇을 소유하고 있는지(자산), 무엇을 빚지고 있는지(부채), 그리고 이 둘 사이의 차이(자본)가 얼마인지를 보여주는 표이다. 재무상태표의 왼쪽에 기록되는 항목이 자산이고, 오른쪽에 기록되는 항목이 부채이며 그 차이를 오른쪽에 자본으로 기재한다.

유동자산 비유동자산	유동부채 비유동부채
	자기자본

자산은 유동자산과 비유동자산으로 구분한다. 유동자산은 1년 미만의 수명을 갖는 자산으로 단기간에 현금화가 가능한 자산을 의미한다. 반면에 비유동자산은 1년 이상의 수명을 가지고 있으며 유형자산, 무형자산, 투자자산 등이 이에 해당한다.

부채도 유동부채와 비유동부채로 구분한다. 유동부채는 만기가 1년 미만으로 기업의 영업활동에서 발생한 부채(매입채무)가 이에 해당한다. 반면에 비유동부채는 1년 이후에 상환해야 하는 부채로서 금융차입금이나 종업원이 퇴직하는 경우 지급해야 하는 퇴직급여충당부채가 여기에 해당한다.

유동자산과 유동부채의 차이를 순운전자본(net working capital)이라고 한다. 순운전자본이 양(+)의 값을 갖는다는 것은 유동자산이 유동부채를 초과한다는 뜻으로 앞으로 1년 동안에 갚아야 하는 부채보다 자산이 더 크다는 것을 의미한다.

💮 손익계산서와 비현금항목

　손익계산서는 일정 기간 동안 기업의 성과를 보여주는 표이다. 기업이 그 기간 동안 벌어들인 자금이 수입이며 소비한 자금이 비용이다. 수익에서 비용을 차감한 금액이 이익/손실이다. 손익계산서의 비용항목을 현금항목과 비현금항목으로 구분해서 이해해야 한다. 다음과 같은 손익계산서가 있다고 가정하자.

　현금항목은 비용의 기록이 현금의 유출을 유발하는 항목이다. 상기 손익계산서에서 인건비를 기록함과 동시에 인건비를 현금으로 유출하거나 기록한 후 미래의 일정한 시점에 현금으로 지출하여야 한다.

　비현금항목은 감가상각비와 같이 비용으로 기록하였으나 미래에 실제로 현금으로 지출이 되지 않는 항목이다. 기업이 자산을 구입하면 유형자산으로 계상하고, 이를 미래의 일정기간 동안 비용화하는 과정에서 기록되는 것이 감가상각비(depreciation)이다. 무형자산 상각비도 감가상각비와 동일한 논리로 비현금항목에 해당된다. 손익계산서에 비현금항목이 기록되는 이유는 발생주의에 기초한 수익·비용 대응의 원칙 때문이다.

매출액	1,000
매출원가	(500)
판매비와관리비:	
인건비	(200)
감가상각비	(100)
영업이익	200
이자비용	(20)
세전이익	180
법인세	(30)
당기순이익	150

2. 자산으로부터의 현금흐름

기업의 과거 재무제표를 기준으로 평가하는 방법으로 영업 현금흐름(operating cash flow)에 기초한 평가방법에 대해서 살펴보자. 재무상태표에서 기업이 가지고 있는 자산의 가치는 기업의 부채에 자기자본을 합한 것과 일치한다. 이와 마찬가지로 자산에서 발행하는 현금흐름은 채권자에게 귀속되는 현금흐름과 주주에게 귀속되는 현금흐름의 합과 일치한다.

자산으로부터 현금흐름＝채권자에게 현금흐름＋주주에게 현금흐름

이는 기업의 자산으로부터 발생하는 현금흐름의 크기는 기업에게 자본을 공급해주는 자본공급자들에게 지불되는 현금흐름의 크기와 일치한다는 뜻이다. 기업의 자산으로부터 영업활동을 통하여 현금흐름을 창출하여 우선적으로 채권자에게 지불하고, 나머지를 주주에게 지급한다는 의미이다.

자본지출(capital expenditure)은 CAPEX라고도 하며 기업의 영업활동을 유지 및 성장시키고 유형자산과 무형자산을 매입하기 위하여 투자한 지출을 의미한다. CAPEX는 현금흐름에 기초한 금액이므로 유형자산과 무형자산의 기말잔액에서 기초잔액을 빼고 여기에 다시 현금흐름과 무관한 감가상각비를 더해서 산출한다. 순운전자본의 변화(Change in net working capital)도 자산으로부터 현금흐름 산출 시 고려되어야 한다.

자산으로부터의 현금흐름을 Free cash flow로 불리기도 한다. 여기서 무료(Free)라는 말은 기업이 채권자와 주주들에게 자유롭게 분배할 수 있는 잉여 현금을 지칭하는 것이다. 왜냐하면 이 현금은 운전자본이나 고정자산에 대한 투자를 위해 필요한 현금이 아니기 때문이다.

Income before tax	1,000
Depreciation	100
Tax	(200)
Operating cash flow	900
CAPEX	(150)
Change in net working capital	200
Free cash flow	950

3. EBITDA배수에 의한 평가

    자산으로부터의 현금흐름은 영업현금흐름, 자본지출, 순운전자본의 변화로 구성한다. 영업현금흐름(operating cash flow)은 기업의 일상적인 생산 및 판매 활동으로부터 발생하는 현금흐름을 말한다. 기업이 재고자산을 구입하기 위해서 지출하는 것은 포함되나, 자산을 구입하기 위해 필요한 자금은 영업활동과 관련된 지출이 아니기 때문에 여기에 포함되지 않는다.

    실무에서는 영업현금흐름을 대신해서 EBITDA(Earnings Before Interest, Tax, Depreciation and Amortization)를 많이 사용한다. EBITDA는 손익계산서상의 영업이익에서 감가상각비를 가산하여 산출된다. 손익계산서의 영업이익은 매출액에서 매출원가와 판매비와 일반관리비를 차감한 금액이다. 즉, 기업이 상품이나 제품을 판매하는 영업활동을 통하여 산출된 일정기간 동안의 성과를 발생주의 회계원칙에 따라 계산된 금액이다. 이 중에서 비현금비용인 감가상각비를 가산하여 EBITDA를 산출한다. EBITDA는 기업의 영업활동에서 발생하는 현금유입이 기업의 일상의 현금유출을 감당하기에 충분한가를 말해주는 지표이기 때문에 기본적인 수준에서 중요한 수치이다.

실무에서는 인수하고자 하는 기업의 EBITDA를 먼저 산출하고, 여기에 일정한 배수(5배~10배)를 곱하여 기업의 가치를 산출한다. 물론 여기에서 배수에 대한 정답이 있는 것은 아니다. EBITDA는 기업의 과거 영업활동의 결과로 산출된 영업성과이다. 이 영업성과를 기초로 기업의 가치를 평가하는 경우 미래의 성장성을 얼마나 인정해 줄 것인가에 따라 그 배수의 수준이 정해지면 인수기업과 피인수기업 간의 치열한 협상을 통해서 결정된다.

4. EBITDA 배수평가법에서 고려할 사항

    EBITDA 배수평가법은 인수하고자 하는 기업의 과거 실적을 바탕으로 하는 평가 방법이다. 과거 실적은 인수 대상기업이 제시한 회계적 숫자에 의존할 수밖에 없다. 이런 측면에서 기업의 인수·합병에서 EBITDA 배수평가법을 사용할 경우 추가적으로 중요하게 고려할 사항은 다음과 같은 것들이 있다.

🎯 영업이익에 대한 검증

　　EBITDA는 회사가 제시하는 재무제표를 기초로 계산되는 바, 손익계산서상의 영업이익에 손익계산서와 제조원가명세서에 기재된 감가상각비를 가산하여 산출한다.

　　인수 대상이 되는 기업은 이익을 좋게 보이게 해서 영업이익을 높이고자 하는 유인이 존재한다. 영업이익이 증가되는 금액에 EBITDA 적용배수만큼 인수대가가 높아지기 때문이다. 세금계산서를 정해진 기간보다 앞서 발행하여 매출을 미리 잡아서 매출을 과대 계상하거나 제조기업의 경우 재고자산을 과대 계상하여 영업이익을 올리는 경우가 이에 해당한다.

　　인수 대상기업의 외부감사를 받는 경우 영업이익의 과대계상 위험이 높지 않으나 감사를 받지 않은 재무제표를 이용할 경우 손익계산서에 대한 철저한 검증이 반드시 필요하다. 또한 전년도 말에 외부감사를 받았다고 하더라도 기중의 재무제표를 이용하여 인수대가를 산정할 경우 중간기간의 재무제표에 대한 검토가 선행되어야 한다.

　　제조기업의 경우 재고자산과 유형자산이 총자산에서 차지하는 비중이 높으며 일부 자산의 경우 재고자산인지 유형자산인지의 구분이 모호한 경우가 있다. 제품 제조에 투입도는 부품을 재고자산으로 계상하지 않고, 유형자산에 공구와 기구로 계상하는 경우 EBITDA의 왜곡 현상이 발생한다. 재고자산에 계상한 후 매출이 되면 원가에 반영되는 부분만 EBITDA에 영향을 미칠 것이다. 그러나 동일한 자산을 재고자산이 아니라 유형자산으로 계상한다면 감가상각을 통하여 비용화되지만, 이는 다시 비현금항목으로 영업이익에 전액 가산되어 EBITDA가 산출되므로 EBITDA의 증감에 영향을 미치지 않는다. 동일한 자산을 재고자산이 아니라 유형자산으로 계상하면 EBITDA를 증가시키는 효과가 발생하는 것이다.

무형자산을 이용한 EBITDA의 과대계상 위험도 존재한다. 예를 들어 연구개발비를 지출할 경우 바로 비용으로 계상하면 EBITDA를 감소시킨다. 그러나 비용으로 계상하지 않고 무형자산으로 계상하면 무형자산 상각비는 감가상각비와 동일하게 EBITDA의 영향을 미치지 않게 된다. 기업을 인수할 때 무형자산의 잔액이 큰 경우 그 자산의 실제성에 대한 세밀한 검토가 필요하다.

외부감사나 재무실사를 통한 재무제표에 대한 검증 작업은 회사가 제시한 증빙서류에 주로 의존한다. 상기와 같은 계정분류상의 오류를 검증하기 위해서는 실물 자산을 눈으로 직접 확인하지 않으면 발견하기가 어렵다. 재고자산과 유형자산에 대한 실사를 한다고 하더라도 인수 대상기업의 제조과정에 대한 충분한 이해가 있어야 이러한 형태의 계정재분류상의 오류를 적발할 수 있다.

🎯 Normalized EBITDA

인수 대상기업의 의도에 의해서 영업이익을 과대 계상하는 경우도 있지만 특수한 사건의 발생으로 인하여 특정 기간에 영업이익이 증가하는 경우가 있다. 예를 들어 거래처에서 특정기간에 인수 대상기업의 제품에 대한 수요가 증가하여 그 기간 동안에 해당 거래처에 대한 매출이 폭증하여 영업이익이 증가하는 경우이다.

EBITDA 배수평가법은 과거에 발생한 회계상의 이익을 기초로 산출된 금액에 배수를 곱하여 산정하는 방법이다. 여기서 곱하는 배수를 몇 배로 할 것인가의 결정은 인수 대상기업의 미래성장 가능성에 대한 판단에 따라 결정된다. 상기의 예에서 특정 기간에만 매출이 증가한 사건이 미래에도 계속적으로 발행할 것이라고 가정할 수는 없으므로 이러한 특수한 사건으로 인한 결과는 제거되어야 한다.

인수 대상기업의 정상적인 영업활동의 결과가 미래에도 계속된다는 기본 가정을 충족시키기 위하여 특수한 사건으로 인한 결과를 제거하여 EBITDA를 재계산한 것을 Normalized EBITDA라고 부른다. EBITDA가 과대 또는 과소 계상한 것에 대한 수정사항도 Normalized EBITDA 계산에 반영되어야 한다.

5. EBITDA 배수평가법의 사례

다음은 EBITDA 배수평가법을 통하여 기업의 인수가액을 평가한 실제 사례이다. 실제 기업인수에서 어떤 요소들을 고려해야 하는지 검토해 보고자 한다.

		FY01	FY02	FY03	FY04	FY05
					(Unit: USD in thousand)	
Sales		23,000	25,000	28,000	27,000	26,000
Growth rate			*9%*	*12%*	*-4%*	*-4%*
Operating income		1,100	1,100	1,900	700	600
Operating income ratio		*5%*	*4%*	*7%*	*3%*	*2%*
Depreciation and amortization		4,000	3,500	3,500	3,000	3,000
EBITDA		5,100	4,600	5,400	3,700	3,600
Normalized EBITDA		**5,100**	**4,600**	**4,800**	**3,700**	**3,600**
Liabilties (non-operating)		29,000	28,000	25,000	24,000	20,000

㈜변방은 미국에 소재하는 자동차부품을 제조하는 회사이다. 한국에 소재하는 ㈜중앙도 자동차부품을 제조하는 회사로 자동차부품 제조의 수직 계열화를 위하여 ㈜중앙이 제조하는 제품과 연관된 부품을 생산하는 이 회사의 인수를 검토하고 있다.

㈜변방은 최근 들어 매출이 감소하고 있다. FY03까지는 매출이 매년 증가하였으나 경쟁업체의 출현으로 인하여 전년도(FY04)부터 매출이 감소하고 있다. ㈜변방의 영업 환경이 악화되고 있음에도 불구하고, ㈜중앙은 제조과정을 수직계열화함으로써 합병으로 인한 시너지 효과를 기대하기 때문에 인수를 적극적으로 검토하고 있다. 회사의 영업환경이 악화되고 있는 경우라도 합병 후 사업의 구조적 변화를 통화의 가치 증가를 도모할 수 있으면 기업인수의 좋은 기회가 된다. 회사가 성장하는 경우에는 기업의 가치가 지나치게 과대 평가되어 기업인수가 잘 성사되지 않는 반면 회사의 영업환경이 악화되고 있는 경우에는 합리적인 가격이 형성되어 오히려 기업인수계약이 성공적으로 체결되는 경우가 많다.

영업이익률과 당기순이익률은 일반적인 제조업 수준을 보여주고 있다. FY03년도의 영업이익률과 당기순이익률이 다른 년도에 비해서 높은 수준이다. 그 이유는 특정 거래처에서 긴급하게 요청한 수요에 대응하면서 판매 단가를 높게 책정하였기 때문이다. ㈜중앙은 이 거래로 인하여 영업이익이 USD600,000 증가하였으므로, 이 효과를 제거하여 Normalized EBITDA를 계산하였다.

㈜변방은 제조를 위하여 대규모 설비가 투입되는 업종이므로 자산의 대부분을 유형자산이 차지하고 있다. 따라서 비용에서 감가상각비가 차지하는 비중이 상대적으로 크다. 영업이익에서 감가상가비를 가산하여 EBITDA를 산출한다. 회사는 신제품 개발을 위해 매년 연구개발비를 지출하고, 이를 자산화하고 있다. 연구개발비는 일정기간 동안 상각하여 비용으로 반영하고 있다. 무형자산 상각비는 감가상각비와 동일하게 비현금비용이므로 EBITDA 계산 시 가산하여야 한다.

인수가액은 Normalized EBITDA의 과거 5년간 평균값에 7배를 적용하여 기업가치를 산정하고, 여기에 부채가치를 차감하여 자본가치를 산정하기로 하였다.

Normalized EBITDA의 5년 평균	4,360
EBITDA 배수	7
기업가치	30,520
차감: 부채가치	(20,000)
자본가치	10,520

㈜중앙은 ㈜변방의 주주에게 USD10,520,000을 지불하고, 주식을 양수 받으면 기업인수 작업은 종료가 된다.

6.   EBITDA평가법 고려 사항

　　금융시장에서 자산의 가치는 그 자산의 사용으로 인하여 발생할 것으로 기대되는 미래 현금흐름의 현재가치의 합으로 계산된다. 기업의 가치를 결정하는 것은 과거의 성과나 현재의 자산·부채의 상태가 아니라 그 기업이 창출할 미래 현금흐름인 것이다. 물론 그 기업의 과거 성과나 현재의 청산가치도 기업의 가치평가에 영향을 미치지 않는 것은 아니다. 그러나 과거의 성과나 현재의 상태는 미래 현금흐름을 추정하기 위한 기초를 제공하는 데 그 의미가 있다고 할 수 있다.

　　EBITDA모형은 기업의 과거 성과를 기초로 한 가치평가 방법이다. EBITDA 자체에는 기업의 미래 현금흐름에 대한 추정의 판단 요소가 전혀 고려되어 있지 않다. 다만 EBITDA배수의 수준을 산정할 때 그 기업의 미래 성장가능성을 고려하여 결정하므로 여기에 미래 현금흐름에 대한 판단 요소가 개입된다고 볼 수 있다. 미래 현금흐름추정의 대용치로 사용되는 EBITDA배수 수준을 판단할 때, 기업의 성장 가능성뿐만 아니라 그 기업이 속해 있는 동종산업의 동향에 대해서 고려하여 한다.

EBITDA평가법은 미래 현금흐름에 대한 구체적인 추적 작업을 하지 않으므로 인수·합병하는 기업의 미래 성장성에 대한 구체적인 검토가 부족할 수 있다. 아무리 좋은 회사를 인수한다고 하더라도 인수 후에 회사를 전략적으로 경영하지 못하여 합병에 실패하는 사례가 많이 있다. 반대로 인수할 당시 재무상황이 좋지 않지만 인수 후 회사를 구조적으로 변경하여 좋은 회사로 탈바꿈하는 경우도 있다.

성공적인 인수·합병은 인수 후 몇 년이 지나봐야 알 수 있다. 단순히 싼 가격으로 회사를 샀다고 해서, 또는 규모가 큰 회사를 인수했다고 해서 성공적인 인수라고 말할 수는 없다. 인수 후에 회사를 얼마나 성장시키는가를 놓고 성공 여부를 판단해야 한다. 따라서 인수·합병의 성공여부를 판단하려면 최소한 5년 정도는 지나봐야 알 수 있는 것이다.

EBITDA평가법을 이용하여 회사를 인수할 경우 회사인수 후 성장전략에 대해서 별도로 검토하여야 하며 이 또한 최종 인수 결정에 중요한 판단 요소로 고려되어야 한다.

국제인수합병 II

국제인수합병에서 고려해야 할 사항에 대해서 추가적으로 검토해 보고자 한다. 먼저 기업인수로 인한 시너지 효과와 해외 자회사의 미래 재무제표의 추정에서 대두되는 미래 환율 추정에 대한 문제도 알아보자. 그리고 국제인수합병을 위한 기업가치 평가방법 중에서 현금흐름을 이용한 기업가치 평가방법(Discounted Cash Flow; DCF)을 실제 사례를 통하여 살펴보자.

1. 기업인수·합병의 시너지

기업인수를 통해서 어떤 이익이 있는지 판단하기 위해서는 인수로 인해 증가되는 미래의 현금흐름이 무엇인지를 파악해야 한다. 기업의 가치는 미래의 현금흐름을 통하여 결정되므로 기업인수를 통하여 증가하는 현금흐름만큼 그 가치가 증가하기 때문이다.

A기업이 B기업을 인수한다고 가정하자. 인수한 이후에 기업의 가치가 두 기업의 가치를 단순 합산한 금액보다 커야 인수합병으로 인하여 추가적인 이익이 발생한다. 양 기업의 각각 독자적으로 운영했을 때보다 두 기업을 합친 이후에 기업가치가 더 증가할 경우에 양 기업에게 이득이 되어 인수·합병의 의미가 있는 것이다.

$$V_{AB} > V_A + V_B$$

기업인수에서 시너지(synergy)는 합병기업의 가치에서 양 기업의 가치를 단순 합산한 가치를 차감한 잔액을 의미한다.

$$시너지 = V_{AB} - (V_A + V_B)$$

기업인수 시너지 효과가 있기 때문에 양 기업 간에 계약이 성사가 된다. 기업인수의 성공 여부는 계약시점에는 사실상 알 수가 없다. 시간이 흘러서 인수작업에서 파악하였던 시너지를 충분히 실현했을 때 성공한 딜이라고 말할 수 있다. 그렇지 않은 경우에는 기업의 인수가 오히려 재무적 부담을 가중시켜 회사가 어려움을 겪는 경우도 많이 있다. 기업인수의 성공열쇠는 인수작업 시점에 시너지를 얼마나 정확히 파악하고, 인수 이후에 그 시너지를 얼마나 효과적으로 실현시키는가에 달려 있다. 기업인수 후 회사 합병을 통해 기대되는 시너지를 포함하여 기업인수에서 고려해야 할 중요한 사항들을 검토해 보자.

🎯 비용절감 시너지 – 합병 후 조직의 최적규모

　　기업인수를 통한 합병으로 인하여 기존의 두 기업이 분리되어 있을 때 보다 생산효율성이 높아진다. 조직의 규모가 커짐에 따라 규모의 경제가 존재한다. 규모의 경제는 생산량이 증가함에 따라 제품과 서비스의 단위당 평균생산비용이 감소하는 것을 의미한다.

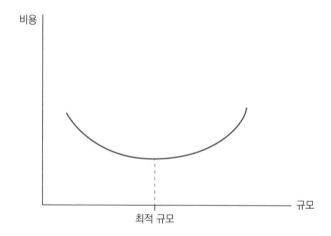

　　규모가 증가한다고 해서 생산비용이 비례적으로 감소하는 것은 아니다. 일정 규모를 초과하면 고정비의 투자가 발생하기도 하지만 비대한 조직의 운영에 비효율이 발생하기 때문에 오히려 생산비용이 증가한다. 합병 후의 생산비용을 최소화할 수 있는 최적규모를 찾는 것이 우선적으로 이루어져야 한다.

🎯 매출증대 시너지 - 고객 데이터베이스의 공유

　기업인수와 합병은 동질적인 산업에 속한 양 회사 간에 이루어지는 경우가 대부분이다. 동종산업에서 수평적으로나 수직적으로 연관된 두 회사가 합병함에 따라 상호 부족한 부분을 보완함으로써 경쟁적 우위를 달성하게 되는 것이다.

　영업적인 측면에서 합병함에 따라 고객의 범위가 넓어져 매출의 시너지가 발생한다. A기업과 B기업이 합병할 경우 A기업의 제품을 B고객에게 판매하고, 반대로 B기업의 제품을 A기업 고객에게 판매도 가능하기 때문이다.

　동종산업에 있는 두 기업이 합병할 경우 경쟁이 줄어들기 때문에 판매가격 결정에 있어 유리한 위치에 설 수 있다. 합병으로 인하여 독과점이 되는 경우 합병 자체가 법적으로 허용되지 않는 경우가 있기는 하나, 법이 허용되는 범위 내에서 양 기업 간의 합병은 상호 간의 출혈 경쟁을 제거하여 합리적인 판매가격 결정을 통하여 정상적인 이익실현이 가능하다.

🎯 해외현지법인 설립과 해외현지법인 인수의 비교

기업의 규모가 커짐에 따라 생산시설의 확충이 필요한 경우 자체적으로 생산시설을 건축하는 것보다 기업의 인수는 설립비용뿐만 아니라 설립에 필요한 시간을 단축시킨다. 실제 사례를 통하여 살펴보자.

A기업은 한국에 소재하는 자동차부품회사이다. A기업이 생산하여 납품하고 있는 H자동차회사는 한국에 소재하고 있으나, 미국시장의 제품 수요에 대응하고 관세 절감 등을 위하여 미국 현지에 공장을 설립하기로 했다. A기업은 한국에서 자동차부품을 생산하여 H자동차회사 미국 현지법인에 수출할 경우 물류비용과 사후관리 비용 등이 크게 발생하기 때문에 미국 현지에 생산공장을 마련하는 것으로 결정하였다. 미국 현지에 공장을 신설할 경우 $10,000,000의 비용이 예상된다. 그 지역에 A기업과 동종산업에 있는 B기업이 매물로 나와 있고, 제시된 매각가격은 $8,000,000이다. A기업은 B기업을 인수할 경우 노후화된 설비를 교체하기 위하여 $5,000,000의 지출이 예상된다. A기업은 해외 진출을 위해서 해외현지법인을 인수하는 경우와 해외현지법인을 설립하는 경우의 리스크에 대해서 다음과 같이 파악하였다.

해외현지법인 인수	해외현지법인 설립
① 노후설비 교체를 위한 비용 발생	① 설립에 장시간 소요
② 종업원과의 갈등 가능성	② 새로운 조직 구성의 어려움
③ 계류중인 소송문제의 해결 비용	③ 현지 법에 따른 허가 문제
④ 기존 경영진 사임에 따른 비용	④ 현지 구매채널 구축의 어려움

A기업은 B기업을 인수하는 것이 현지법인을 설립하는 것보다 초기에는 비용이 더 많이 발생하나 장기적인 측면에서 기업인수가 현지법인 설립보다 유리하다고 판단했기 때문에 B기업을 인수하는 것으로 결정하였다.

기업의 인수를 결정할 때 인수가격과 인수에 따르는 부대비용 등 금전적인 측면에 집중하여 검토하는 경우가 많다. 합리적인 가격으로 인수가격을 결정하기 위하여 인수가격 검토에 역량을 우선적으로 집중하는 것이 맞다. 이와 더불어 기업인수에 예상되는 리스크를 인수 단계에서 최대한 상세하게 파악하고, 적절한 대응 방안을 미리 계획하는 것이 반드시 수행되어야 한다.

🎯 효율적인 경영환경의 구축

기업인수 이후에 인수 대상기업의 경영진은 교체가 되는 경우가 많다. 기업의 성과는 최고경영자와 재무책임자를 포함한 경영진의 경영철학과 노력에 의해 좌우된다. 인수 대상기업의 경영진의 비효과적인 운영으로 인하여 실적이 악화되었으나 인수 후 새로 선임된 경영진의 성실한 노력으로 기업의 분위기를 쇄신한다면 침체된 회사를 다시 살릴 수 있을 것이다.

기업인수의 성공은 경영자의 건전한 경영철학과 노력으로 인하여 조직의 분위기를 상승시키고, 종업원들이 합심하여 회사의 가치를 높이기 위해서 최선을 다할 때 비로소 달성된다.

2. 미래 환율에 대한 추정

　국내인수·합병과 달리 국제인수·합병에서 가장 중요하게 고려해야 할 사항이 미래 환율에 대한 추정이다. 미래 현금흐름을 현지 통화로 추정하므로 이를 원화로 환산하기 위해서는 추정하는 각 년도에 대한 환율이나 할인율을 동시에 추정해야 한다. 미래의 환율과 할인율의 추정은 국제균형이론에서 학습한 이론이 이용된다.

　달러화로 표시된 미래 현금흐름을 추정하여 원화로 환산하는 방법에는 자국통화접근법과 외국통화접근법이 있다. 자국통화접근법은 달러화로 표시된 미래 현금흐름을 모두 원화로 바꿔준 다음 할인율로 할인하는 방법이다. 이 때 추정하는 각 기간의 환율을 알아야 달러화 표시된 각 기간의 현금흐름을 원화로 환산이 가능하다. 외국통화접근법은 달러화로 표시된 미래의 현금흐름을 그대로 할인하여 먼저 현재가치를 구한다. 그런 다음 이 금액에 적절한 환율을 적용하여 원화로 환산한다.

　이 두 방법의 차이점은 언제 달러화를 원화로 환산하느냐하는 것이다. 자국통화접근법에서는 현재가치로 할인하기 전에 미래의 각 시점에서 원화로 환산하는 것이고, 외국통화접근법에서는 달러화를 기초로 현재가치를 구한 후 환산하는 것이다. 첫 번째 방법은 미래의 각 추정기간의 환율을 모두 알아야 하고, 두 번째 방법은 현재 환율만 알면 되기 때문에 두 번째 방법이 더 간단하다고 생각할 수 있다. 그러나 두 번째 방법은 환율은 하나만 있으면 되는 대신에 미래의 각 기간의 할인율이 각각 다르게 된다. 첫 번째 방법은 두 나라의 인플레이션 차이가 미래 추정기간의 환율에 반영되고, 두 번째 방법은 두 나라의 인플레이션 차이가 미래 추정기간의 할인율에 반영되어 결국 두 방법에 따른 결과는 이론적으로 동일해야 한다. 앞에서 설명한 바와 같이 두 나라의 인플레이션 차이가 미래의 기대환율에 반영된다는 것이 상대적 구매력평가이론이고, 두 나라의 인플레이션 차이가 두 나라의 이자율 차이와 동일하다는 것이 국제피셔효과이다.

3. 미래현금흐름과 현재가치

　　금융시장에서 자산의 가치는 그 자산이 미래에 창출할 것
으로 예상되는 현금흐름을 추정하고, 이를 적절한 이자율로 할
인하여 현재가치를 구하여 산출된다. 미래현금흐름과 할인율에
대한 이해에 앞서 현재가치 계산방법에 대해서 알아보자.

🎯 연금의 현재가치

앞으로 매 3년 동안 $500의 현금흐름을 창출하는 어떤 자산이 있다고 하자. 이 자산이 발생시키는 현금흐름은 3년 동안 매년 일정하게 발생하는 소위 연금형태를 갖게 된다. 투자한 돈에 대해서 연 10%의 수익률을 기대한다면 이러한 연금에 대해 지불할 수 있는 최대금액은 얼마인가?

매년 발생하는 $500를 10%로 할인하여 그들의 현재가치를 구하고 이를 모두 합하여 총 현재가치를 구하면 다음과 같다.

총 현재가치 $= \$500/1.1^1 + \$500/1.1^2 + \$500/1.1^3 = \$1{,}243$

3년의 기간 동안 매년 $500를 지불하는 연금에 대해서 현재 지불할 수 있는 금액은 $1,243라는 것을 의미한다. 이는 매년 $500의 현금흐름을 창출하는 자산의 가치가 $1,243라는 것과 동일한 의미이다.

🎯 계속기업의 가정과 영구현금흐름의 현재가치

기업가치를 평가할 계속성을 가정한다. 기업이 앞으로 미래에 무한한 기간 동안 계속해서 영업 활동을 하고, 그 결과 현금흐름이 영구히 발생한다고 가정하는 것이 영구현금흐름이라고 한다. 이 가정은 기업가치의 추정에 매우 중요한 부분이다. 기업의 계속성의 가정이 없다면 정상적인 기업의 가치를 산출할 수 없다. 어떤 기업이 영업 환경에 중대한 부정적인 요소가 있거나, 유동성의 악화 등으로 장기적인 기업의 존속이 의문시되는 경우에는 기업의 가치가 급격하게 감소하게 된다. 기업의 계속성이 존재하는 경우 기업의 가치는 영구현금흐름이 대부분을 차지한다.

예를 들어 매년 $500의 현금흐름이 영원히 발생하는 연금을 10%로 할인한다면 현재가치는 얼마일까? 무한급수의 수학공식에 따르면 다음과 같이 계산할 수 있다.

$$\text{영구현금흐름의 현재가치} = \$500/0.1 = \$5,000$$

기업가치 평가에 있어서 일반적으로 5년 이후에는 매년 일정한 현금흐름이 영구히 발생한다고 가정하고, 이를 할인율로 나누어서 영구현금흐름의 가치(terminal value)를 산출한다. 기업가치에서 영구현금흐름의 가치가 대부분을 차지하므로 5년간의 추정은 영구현금흐름의 추정을 위한 합리적 논리를 산출하기 위한 사전 단계에 불과하다.

4. 미래현금흐름의 추정

    기업의 가치를 평가할 때 실무적으로 미래 5년의 기간에 대한 현금흐름을 추정한다. 현금흐름은 발생주의에 근거한 회계적 이익에서 출발하여 잉여현금흐름(free cash flow)을 매년 추정하여 산출한다.

    매출의 추정은 현재의 매출 현황을 기초로 미래 5년의 매출을 추정한다. 미래 기간 동안 고객 구성의 변화, 매출 품목의 변화, 매출단가의 변화 등 매출에 영향을 미치는 거시적인 시장 환경뿐만 아니라 회사의 영업 정책 등을 감안하여 매출을 추정한다.

    매출 추정을 기초로 이에 대응되는 매출원가를 추정한다. 과거 일정 기간 동안의 평균 매출원가를 산출하여 미래 추정 기간에 일률적으로 적용할 수도 있고, 매출원가의 세부 항목별로 추정할 수도 있다.

    판매관리비는 각 항목별로 구분하고, 항목별 특성을 기초로 추정한다. 잉여현금흐름을 산출하기 위하여 추정 기간 동안의 감가상각비, 자본적 지출, 운전자본의 변동을 알아야 하는데 이 항목들은 미래 추정 기간 동안의 자산과 부채의 추정을 기초로 산출된다.

5. 할인율

기업가치 평가에서 할인율은 자기자본에 대한 할인율(K_e)과 부채에 대한 할인율(K_d)을 자기자본(E)과 부채(D)의 규모에 따라 가중 평균하여 계산되므로 가중평균자본비용(weighted average cost of capital)이라고 한다. (t: 법인세율)

$$WACC = K_e \times E/(E+D) + K_d \times (1-t) \times D/(E+D)$$

자기자본에 대한 할인율과 타인자본에 대한 할인율은 시장이자율과 무위험이자율을 기초로 회사의 개별 특성을 반영하여 산출된다.

6. DCF에 의한 기업가치 평가 사례

　　다음은 실제 해외기업의 인수 시 인수 대상기업을 평가한 자료를 기초로 작성하였다. 가중평균자본비용 10%를 적용하였다.

	FY1	FY2	FY3	FY4	FY5	Terminal value
						(Unit: USD in thousand)
Sales	135,000	140,000	144,000	145,000	146,000	146,000
Cost of sales	95,000	98,000	101,000	102,000	102,000	102,000
Gross profit	40,000	42,000	43,000	43,000	44,000	44,000
Selling admin. exp.	30,000	31,000	32,000	33,000	34,000	34,000
EBIT	10,000	11,000	11,000	10,000	10,000	10,000
(+)Depreciation	3,400	3,200	3,300	3,300	3,200	–
Corporate income tax	2,000	2,200	2,400	2,400	2,400	2,400
Operating cash flow	11,400	12,000	11,900	10,900	10,800	7,600
(-)CAPEX	2,700	2,800	2,600	2,700	2,700	–
(+/-) Change in NWC	(1,800)	(1,672)	(1,709)	(423)	(429)	–
Free cash flow	6,900	7,528	7,591	7,777	7,671	7,600
Discount factor (10%)	0.91	0.83	0.75	0.68	0.62	0.62
Present value	6,273	6,221	5,703	5,312	4,763	47,190
Sum of present value						75,462
Non-operating assets						20,000
Non-operating liabilties						(10,000)
Cash in hand						5,000
Equity value						90,462
Number of shares						1,000
Per share value						90

① Free cash flow: DCF의 기초가 되는 것은 미래 추정기간의 잉여현금흐름이다. 향후 5년간 매출, 매출원가, 판매비와 관리비의 추정을 기초로 자본적 지출(CAPEX)과 순운전자본의 변동(change in net working capital)을 반영하여 계산한다.

② Discount factor: 가중평균자본비용으로 현금흐름을 할인할 때 적용되는 각 연도의 값이다. 추정 기간인 미래 5년간 각 연도에 $1/(+0.1)^n$로 계산되었다. 영구현금흐름의 가치(terminal value)는 5년 시점에서 구한 값이므로 5년차의 discount factor와 동일한 값을 적용하였다.

③ Terminal value: 본 사례에서 보는 바와 같이 기업가치에서 영구현금흐름의 가치가 70%로 대부분을 차지한다. 영구현금흐름의 가치는 6년차의 현금흐름(10,600)을 할인율(10%)로 나누고, 여기에 discount factor를 곱하여 산출하였다. 여기서 주의할 것은 영구현금흐름을 산출할 때 감가상각비, 자본적 지출, 순운전자본의 변동은 가감하지 않았다. 미래의 영구적인 기간 동안 자본적 지출로 투자된 부분만큼 감가상각비로 계산되므로 유형자산의 변동은 고려되지 않는다. 또한 순운전자본도 미래의 영구적인 기간 동안 특정 시점에는 증가 또는 감소할 수도 있지만 전체적으로 봤을 때에는 증감이 서로 상쇄된다고 보기 때문에 역시 고려되지 않는 것이다.

④ Non-operating assets and liabilities: 잉여현금흐름은 영업이익을 기초로 산출되었다. 영업이익은 이자비용과 이자수익 등 영업외수익과 비용을 고려하기 전의 금액이다. 기업의 자산과 부채 중에서 영업이익의 달성에 사용된 것은 영업자산과 영업부채이다. 기업의 가치에는 모든 자산과 부채가 고려된 금액이어야 하므로 영업자산과 부채를 기초로 계산된 금액에서 비영업자산을 가산하고, 비영업부채를 차감하여 계산되어야 한다.

⑤ Cash in hand: 기업의 가치는 미래현금흐름의 현재가치이다. 여기에는 현재 기업이 보유하고 있는 현금은 반영되지 않았다. 따라서 미래현금흐름의 현재가치를 먼저 산출한 후 현재 보유하고 있는 현금을 가산하여 자기자본의 가치를 산출한다. 미래현금흐름이 현재가치가 동일한 기업이라도 현금 보유액이 얼마인가에 따라서 자기자본의 가치가 달라진다는 것을 상식적으로 이해할 수 있다. 실제 기업인수에서 인수 대상기업이 현금을 얼마나 보유하고 있는지를 항상 확인한다. 자기자본의 가치 산정에 직접적으로 중요한 비중을 차지한 것도 있지만 인수 직후에 기업의 유동성을 해결하는 데 가장 중요한 열쇠이기 때문이다.

국제금융위기

자유무역을 바탕으로 하는 개방경제 하의 국제금융시장은 자본이동 또한 자유롭다. 자유로운 자본이동은 기업의 자본조달 옵션을 확대하는 긍정적인 측면도 있지만, 자본의 비정상적인 흐름으로 인하여 한 국가의 경제에 심각한 불안 요인으로 작용하기도 한다. 자유로운 자본의 이동은 1990년대 이후에 빈번하게 발생하는 국제금융위기의 주된 원인이다. 이 장에서는 1990년대 이후에 발생한 국내외 국제금융위기의 원인에 대해서 살펴보고자 한다.

1. 1987년 검은 월요일

금융위기를 거론할 때 먼저 떠오르는 것이 주식시장이다. 주식시장은 일시적인 충격에 즉각적으로 반응하기 때문에 금융위기와는 무관하게 단기적인 충격에 따라 폭락하는 경우가 흔히 발생한다. 그 대표적인 사건이 1987년 10월 19일 월요일 하루 만에 다우존스 산업평균지수가 무려 22% 하락한 검은 월요일이다.

1980년대 미국은 레이거노믹스 밑에서 호황을 누렸지만, 재정적자와 경상수지 적자는 악화되었고, 금융시장은 과열조짐을 보이고 있었다. 이에 대한 투자자들의 우려가 반영되어 하루 만에 증시가 급락한 것이다. 검은 월요일 폭락의 원인으로 프로그램 거래, 밸류에이션 문제, 유동성 문제, 시장의 심리 등이 거론되었다.

검은 월요일 직후 미국의 연방준비은행은 금리를 낮추고, 통화량을 증가시킴으로써 금융위기로 번지는 것을 막았다.

2. 1994년 멕시코 금융위기

기업이 자기자본이 부족하면 부채를 통해서 자금을 조달하듯이 정부도 자체적인 생산으로 자금의 조달이 어려울 경우 외국으로부터 자금을 차입한다.

경상수지 적자가 발생하면 외국으로부터 자금을 차입(금융계정)하여 부족한 자금을 메운다. 우리나라는 1960년대~1970년대에 경상수지가 적자였으나, 외채를 이용하여 경제개발계획을 추진하였다.

정부는 대외신인도 상승과 외환위기에 대응하기 위하여 충분한 외환보유고를 확보하고자 한다. 경상수지 흑자를 통하여 외환보유고의 확보가 어려운 상황이라면 외채를 통하여 외환보유고를 확보하는 것이다.

개발도상국가가 성장하는 단계에서 자금의 수요를 충당하기 위하여 외채를 증가시키는 경우가 많다. 계획대로 성장이 이루어져 외채 원리금을 정상적으로 상환하는 경우는 문제가 없겠지만 그렇지 못할 경우 금융위기를 야기하는 경우가 많았다.

1994년 멕시코 금융위기는 과도한 외채에 대한 채무불이행으로 발생하였다.

3. 1997년 아시아 금융위기

　　외환시장에서 수요와 공급의 불균형에서 야기된 아시아 금융위기는 1997년에 태국의 바트화가 폭락하면서 시작되었다. 태국의 외환위기는 인도네시아, 말레이시아, 필리핀뿐만 아니라 우리나라까지 영향을 미쳤다.

　　아시아 금융위기는 이 지역에 과도하게 공급되었던 국제 유동성 공급이 갑자기 회수되면서 촉발되었다. 외환위기가 발생한 아시아 5개국(한국, 인도네시아, 말레이시아, 태국, 필리핀)에 대한 민간부문의 자금 흐름을 살펴보면 1996년에 930억 달러 순유입이 있었지만 1997년에는 121억 달러 순유출로 급변하는 흐름을 보였다.

　　우리가 지표로서 확인할 수 있는 것은 표면적인 것들이다. 그 이면에는 국제적인 자금의 흐름을 이용하여 자본이득을 추구하는 시도가 있었다는 것을 능히 짐작할 수 있다. 국제자본이 개발도상국의 경제발전에 촉진제가 되기도 한다. 그러나 이 자금을 사용하는 주체가 자금의 흐름에 대해서 선제적인 대처를 하지 못하고 취약점을 보이면 공격의 대상이 되기도 하는 것이다.

1997년 아시아 금융위기 때 우리나라도 자유로울 수 없었던 이유에 대해서 분석을 하면 다음과 같다.

① 중국 위안화와 일본 엔화의 평가절하로 한국상품의 수출경쟁력이 약화되었고, 과소비로 인한 외화유출 등으로 한국의 경상수지 적자가 심화되었다.

② 한국경제는 1990년대 경제발전과정에서 인건비 상승 등으로 국제경쟁력이 약화되었음에도 불구하고, 대기업은 구조조정을 통한 개혁보다는 확장 경영으로 이를 돌파하려고 하였다.

③ 실물경제는 급격하게 성장하였으나 금융시스템은 후진국 수준에 머물러 있었다. 관치금융에 익숙한 국내 금융기관은 결국 정부가 지원해 줄 것이라는 도덕적 해이에 빠져 위험자산에 대한 관리를 소홀히 하였다.

④ 아시아 금융위기로 인한 단기적인 금융시장 충격에 대한 중앙은행과 정부의 즉각적인 대처가 부족하였다. 중국 위안화와 일본 엔화의 평가절하에 대한 대응과 같이 우리도 원화의 평가절하를 통하여 즉각 대처했어야 했다. 환율방어의 시기를 놓쳐 환율은 폭등하였고, 외환보유액도 바닥이 나서 IMF 구제금융을 받게 되었다.

우리나라의 금융위기가 태국에서 촉발된 아시아 금융위기로 인해 전염된 것을 부인할 수는 없지만 금융인프라의 후진성으로 인해 능동적으로 대처하지 못했기 때문에 위기가 확산되고 장기적으로 지속된 것이다. 그 당시 일본과 중국은 아시아 금융위기에 크게 휩쓸리지 않았던 점을 주목해야 한다.

4. 2001년 엔론 사태

　엔론은 포춘(Fortune)으로부터 미국에서 가장 혁신적인 기업으로 선정된 세계 최대의 에너지 회사였다. 엔론이 거래하는 가스와 전기량은 미국 전체시장의 25%를 차지했다. 2001년 매출조작, 내부자 거래조작, 이중장부 작성 등의 방법으로 4년간 15억달러 규모의 회계부정을 저지른 사건이 적발되어 국제 금융시장에 충격을 주었다. 엔론이 에너지와 관련된 파생금융상품 거래에서 거액의 손실이 발생하였는데 이를 조직적으로 숨기기 위해서 회계부정을 저질렀던 것이다.

　2000년에 주당 80달러 이상이었던 엔론이 회계부정 사건을 공시한 2001년 10월 22일 당일 주가는 21% 폭락하였으며, 이후에 1달러 이하까지 떨어졌다. 그 이후 유동성 위기에 몰린 엔론은 2001년 12월 법원에 파산신청을 함으로써 역사 속으로 사라졌다. 회사의 최고경영자는 회계부정에 대한 처벌로 24년의 징역형을 받았으며, 회계장부 감사를 담당했던 회계법인 아더 앤더슨(Arthur Andersen)도 문을 닫아야 했다.

엔론 사태는 911테러 사건이 발생한 직후 터져서 시장에 충격을 증폭시켰고, 특정기업의 회계부정이 금융위기로 번졌다는 점이 특징적이다. 회계부정이라는 것이 개별기업에 국한된 이슈이지만 대기업이 연루될 경우 시장에 큰 충격을 주게 되고, 금융시장이 연쇄적으로 반응함에 따라 금융위기로 전파될 수 있다는 것을 보여주는 사례이다.

5. 2007년 서브프라임 금융위기

　　미국의 부동산시장은 2000년대 초까지 호황을 맞았다. 부동산값이 오르면서 개인들은 은행대출을 통해 부동산 매입을 확대하였고, 은행들도 부동산시장을 낙관하였기 때문에 부동산 담보대출의 규모를 확대하였다. 부동산가격이 계속 오를 것이므로 부동산 담보대출에 대한 원금과 이자 상환에 문제가 없을 것이라고 판단하여 개인의 신용도에 대한 심층적인 분석없이 무분별하게 부동산 대출을 확대하는 경우가 빈번하게 발생하였다. 그 당시에 서브프라임 모기지(sub-prime mortgage) 대출이 유행하였는데 이는 신용조건이 낮은 사람들에게 부동산 시세에 해당하는 수준까지 대출을 해주는 프로그램이었다. 또한 이들 서브프라임 모기지 대출을 기초로 설계한 다양한 파생상품까지 등장하여 국제금융시장의 헤지펀드 등에서 막대한 자금을 투자하였다.

　　끝없이 오를 것만 같았던 미국 부동산의 가격은 2007년 초에 하락하는 상황이 발생하고, 금융기관들은 대출금을 회수하기 시작하였다. 집값이 오를 것으로 기대하고 서브프라임 모기지로 대출을 받은 사람들은 신용도가 낮았으므로 차입금을 상환하지 못하는 상황이 발생하였다. 연체율이 급등하면서 서브프라임 모기지 대출상품을 판매했던 대규모 금융기관들이 부도가 나는 상황이 발생하였다. 또한 서브프라임 모기지 대출과 관련된 파생금융상품에 투자했던 국제적인 헤지펀드 등의 금융기관들도 연쇄적인 타격을 받았다. 2008년 9월에 리먼브라더스사가 결국 파산하면서 미국 부동산시장의 서브프라임 모기지 대출에서 시작된 금융위기는 글로벌 금융시장에 대규모 충격을 주는 상황으로 확대되었다.

미국 정부는 위기의 확산을 차단하고자 금리를 파격적으로 인하하고, 긴급 구제금융을 제공하는 등 과거에는 전례가 없을 정도의 적극적 개입을 하였다. 그러나 위기는 실물경제로 확대되고 전 세계로 파급되어 최대의 글로벌 금융위기로 확대되었다.

자산의 가격이 일정기간 상승할 때 일반적으로 사람들은 앞으로도 계속적으로 오를 것이라는 기대를 갖는다. 주위에서 그 자산 투자로 돈을 벌었다는 말을 들으면 마치 혼자만 뒤쳐지는 듯한 불안감이 생겨서 무리하게 대출을 받아 시장에 참여하는 경우가 많다. 금융기관이 자금의 비정상적인 흐름을 차단함으로써 자산가격의 버블 현상을 막는 역할을 해야 하는데 그렇지 못하고 자금이 오히려 몰리는 현상이 발생한다면 언젠가는 버블이 터질 수밖에 없다.

6. 금융위기에 대한 고찰

국제금융위기의 사례들을 통하여 다음과 같은 몇 가지 시사점을 생각해 볼 수 있다. 첫째, 금융위기는 대형기업의 파산과 같은 특별한 사건에 의해서 유발되는 경우도 있지만 표면적으로 주체가 드러나지 않는 유동성의 급격한 변동에 의해서 촉발되기도 한다. 둘째, 한 국가의 외환위기는 그 나라의 이자율 인상과 환율인상을 동반한다. 외환위기로 인하여 환율이 폭등하게 되면 외국의 자본이 해외로 빠져나가므로 이를 방지하기 위하여 이자율의 인상이 수반될 수밖에 없기 때문이다. 셋째, 국제금융자본의 특성을 감안할 때 금융위기는 끊임없이 발생해왔으며 앞으로도 계속 발생할 것이다. 지금까지 살펴본 국제금융위기의 손실규모와 지속기간을 비교하면 다음과 같다.[2]

---

2 Economist 2008.

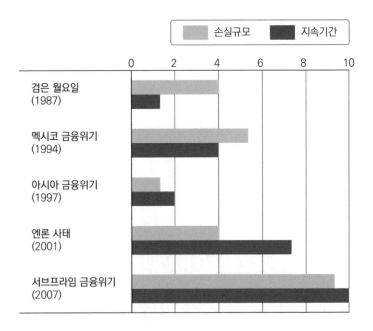

손실규모와 지속기간을 따져보면 미국의 서브프라임 모기지 대출로 인한 글로벌 금융위기가 제일 컸다. 우리나라에 직접적인 영향을 미쳤던 아시아 금융위기는 상대적으로 손실규모와 지속기간에 있어서 그렇게 크지 않았음을 볼 수 있다.

2020년 2월에 발생한 코로나19로 인하여 국제금융시장이 단기적으로 상당한 충격을 받았으나 빠른 기간에 급속도로 회복하였다. 그 원인을 정리해 보면 다음과 같다.

① 개방경제의 재정정책과 금융정책: IS – LM – BP 모형을 통하여 개방경제에서 재정정책과 통화정책이 이자율과 국민소득에 어떤 영향을 미치는지를 검토하였다. 2020년 초에 세계

경제가 급격하게 얼어붙을 위기에 놓였을 때 각국 정부는 재정정책과 금융정책을 통하여 유동성을 확대하고 이자율과 환율을 안정시켰다.

② 4차 산업기술의 발달: 전염병은 4차산업의 발전을 가속화 하였고, 발전된 4차 산업 덕분에 세계경제가 위기 상황으로 빠지는 것을 피할 수 있었다. 기술의 발달로 비대면 상황에서 생산과 소비가 가능하게 되었다. 인간이동의 제한은 비대면 관련 기술의 발달을 더욱 촉진시키는 계기가 되었다.

국제금융위기는 다시 발생할 것이다. 국제 금융자본의 본질적인 특성으로 인하여 특정 금융시장에서의 불균형은 언제든지 발생할 것이기 때문이다. 금융위기가 언제 어디서 발생할 것인지를 예측하는 것은 어려운 일이다. 국제금융투자 지식을 바탕으로 충분한 정보를 비교 분석하여 합리적 의사결정을 한다면 불확실한 미래에 대한 금융위기에 능동적인 대처를 할 수 있을 것이라 믿는다.

저자 소개

허 준 영

junyounghuh@nexiasamduk.kr

고려대학교 경영학과(1997)
The University of Sydney, Master of Banking & Finance(2003)
전북대학교 경영학박사(2018)
한국공인회계사(1997)
미국공인회계사(2000)
한영회계법인(EY Korea) 감사부분장(2018)
㈜쿠쿠홈시스 감사위원장(2019)
㈜쿠쿠홀딩스 감사위원장(currently)
㈜지엠비코리아 감사위원장(currently)
삼덕회계법인(currently)
중앙대학교 지식경영학부 겸임교수(currently)

국제금융투자

초판발행	2021년 8월 5일
지은이	허준영
펴낸이	안종만·안상준
편 집	김윤정
기획/마케팅	박세기
표지디자인	블리스컨설팅주식회사·Benstory
제 작	고철민·조영환
펴낸곳	(주) **박영사**
	서울특별시 금천구 가산디지털2로 53, 210호(가산동, 한라시그마밸리)
	등록 1959. 3. 11. 제300-1959-1호(倫)
전 화	02)733-6771
f a x	02)736-4818
e-mail	pys@pybook.co.kr
homepage	www.pybook.co.kr
ISBN	979-11-303-1343-6 93320

정 가   19,000원